전면개정 제37회 공인중개사 시험대비 동영상강의 www.pmg.co.kr

브랜드만족 1위 박문각

2026

박윤모 필수서

2차 | 부동산공시법령

합격결정!

박문각 공인중개사

박문각

PREFACE

이 책의 머리말

최근 우리 공인중개사 시험의 출제난이도는 더욱 높아지고 있습니다. 특히 부동산공시법령의 일부를 구성하고 있는 부동산등기법의 출제범위는 이미 조문 및 판례를 넘어서서 등기선례, 업무처리지침으로까지 확대되고 있는 상황이어서 수험생들로서는 항상 무거운 부담감을 느끼는 과목으로 자리 잡고 있습니다.

하지만 이와 같이 출제의 난이도가 점차 높아지고 있는 상황에서도 기출문제를 구성하는 핵심주제는 법 과목의 특성상 지금까지 한 번도 변함이 없었다는 점도 염두에 두어야 합니다. 따라서 우리 과목의 경우에도 무작정 공부의 범위를 넓혀가는 방법보다는 본 교재에서 분류해 둔 단원별 주제들을 확인학습 지문들과 연결하여 정밀하게 반복 학습하는 것이 수험 공부를 효율적이고 성공적으로 가져가는 지름길이 될 수 있습니다.

본 교재는 다음과 같은 내용들에 중점을 두어 구성하였습니다.

01 · 수험생이 반드시 공부해야 하는 중요한 내용들을 정리해두어, 별도의 이론요약집이 필요 없도록 하였습니다. 특히 단원별 출제비중이 높은 중요항목에는 '핵심노트' 표시를 해 놓았으므로 시험을 앞두고 이 항목들을 위주로 하여 속도 있게 반복하여 복습한다면 중요한 내용들을 빠짐없이 체크할 수 있는 기회가 될 것입니다.

02 · 지금까지 출제된 지문들은 해마다 항상 비중 있게 다시 반복하여 출제되고 있으므로 반드시 숙지해야 합니다. 기출지문만 꼼꼼하게 정리해도 합격하는 데 필요한 점수는 충분히 얻을 수 있다는 점을 강조 드립니다. 본 교재의 경우 지금까지 누적되어 온 중요 기출문제들을 관련 단원 내에서도 세부적으로 면밀히 재분류하여 개념을 정리하는 학습이 이루어진 후 곧바로 확인할 수 있도록 기출로 배치해 놓았습니다. 기출문제는 문제 전체의 구성을 종합적으로 살펴보는 것이 학습효과를 더욱 크게 얻을 수 있으므로 반드시 문제의 종합적인 구성도 함께 살펴보시기 바랍니다.

03 · 2차 시험만을 준비하는 수험생들을 포함하여 좀 더 심도 있는 학습을 원하는 경우라면 중요 예규 및 판례들을 수록해 놓았으므로 이 부분을 공략해 볼 필요가 있습니다. 예규 및 판례들의 경우 본문의 이해를 돕는 중요한 역할을 하는 것 외에도 그 자체가 기출지문으로 비중 있게 다루어지고 있으므로 본 교재를 통한 이론공부가 어느 정도 마무리된 후, 별도의 정리시간을 확보하는 것도 좋은 공부방법이 될 수 있습니다.

2025년 12월

편저자 박윤모 올림

CONTENTS

이 책의 차례

PART 01

공간정보의 구축 및 관리 등에 관한 법률

제1장 총칙 ···· 12
   01 지적제도와 등기제도의 개관 ···· 12
   02 지적공부의 종류 ···· 13

제2장 등록 ···· 14
   01 토지의 조사 및 등록(법 제64조) ···· 14
   02 지번(시행령 제56조) ···· 16
   03 지목(시행령 제58조) ···· 21
   04 경계 ···· 26
   05 면적 ···· 30

제3장 지적공부 ···· 34
   01 지적공부의 의의 ···· 34
   02 토지(임야)대장 ···· 35
   03 공유지연명부 ···· 36
   04 대지권등록부 ···· 36
   05 도면(지적도·임야도) ···· 38
   06 경계점좌표등록부 ···· 39
   07 지적공부의 보존·반출·공개 ···· 42
   08 지적공부의 복구 ···· 44
   09 부동산종합공부 ···· 46
   10 지적전산자료의 이용 ···· 50

제4장 토지의 이동 · · · · 51
   01 신규등록 · · · · 52
   02 등록전환 · · · · 54
   03 분할 · · · · 56
   04 합병 · · · · 57
   05 지목변경 · · · · 60
   06 바다로 된 토지의 등록말소 · · · · 61
   07 등록사항의 정정 · · · · 63
   08 축척변경 · · · · 65
   09 토지이동의 신청 및 신고 · · · · 68
   10 지적정리 · 소유자 정리 · 등기촉탁 · · · · 70

제5장 지적측량 · · · · 74
   01 지적측량의 종류 · · · · 74
   02 지적측량의 절차 · · · · 76
   03 지적측량 적부심사 · · · · 79
   04 중앙지적위원회와 축척변경위원회의 비교 · · · · 80

CONTENTS

이 책의 차례

PART 02 부동산등기법

제1장 등기절차 총론 ···· 83
01 신청주의 ···· 83
02 일반건물의 1등기기록 ···· 84
03 등기의 당사자능력 ···· 87
04 공동신청 ···· 88
05 단독신청 ···· 89
06 대위신청 ···· 92
07 등기신청정보 ···· 94
08 기타 첨부정보 ···· 101
09 접수 ···· 102
10 전산정보처리조직에 의한 등기신청(전자신청) ···· 102
11 심사 ···· 104
12 등기완료 후의 절차 ···· 104
13 등기관의 처분에 대한 이의신청 ···· 106

제2장 소유권에 관한 등기 ···· 108
01 소유권보존등기 ···· 108
02 소유권이전등기(매매) ···· 115
03 소유권이전등기(환매특약부 매매) ···· 118
04 소유권이전등기(토지수용) ···· 119
05 소유권이전등기(진정명의회복) ···· 121
06 소유권이전등기(상속) ···· 122
07 소유권이전등기(유증) ···· 124
08 소유권이전등기(신탁) ···· 127

제3장 소유권 외의 권리의 등기 · · · · 132
01 지상권에 관한 등기 · · · · 132
02 지역권에 관한 등기 · · · · 133
03 전세권에 관한 등기 · · · · 134
04 임차권에 관한 등기 · · · · 135
05 저당권에 관한 등기 · · · · 136

제4장 각종의 등기절차 · · · · 140
01 변경등기 · · · · 140
02 경정등기 · · · · 146
03 말소등기 · · · · 148
04 말소회복등기 · · · · 152
05 멸실등기 · · · · 152
06 부기등기 · · · · 153
07 가등기 · · · · 156
08 등기신청의 각하사유(법 제29조) · · · · 161
09 사건이 등기할 것이 아닌 경우(법 제29조 제2호) · · · · 162
10 처분제한등기(경매, 가압류, 가처분) 총정리 · · · · 163

제5장 등기소·등기기록 · · · · 168
01 등기소 · · · · 168
02 일반건물의 1등기기록 실행사례 · · · · 169
03 집합건물의 1등기기록 실행사례 · · · · 170
04 대지권이라는 뜻이 등기된 토지의 등기기록 실행사례 · · · · 171
05 등기사항증명서의 종류·열람 및 발급 · · · · 174
06 장부의 보존·관리·손상 및 복구 · · · · 174

GUIDE

이 책의 활용법

개념정리
01

각 단원의 중요내용을 엄선하여 놓치지 않고 공부할 수 있도록 체계적으로 정리·구성하여 단시간 내에 효율적인 학습이 가능하도록 하였습니다.

일러스트
02

복잡하고 이해하기 어려운 이론을 일러스트로 정리하여 알기 쉽고 재미있게 학습할 수 있도록 하였습니다.

보충학습
03

본문의 내용과 관련된 내용들로 좀 더 자세히 알아두어야 할 필요가 있는 부분을 쉽고 더 풍부하게 이해할 수 있도록 자세하게 설명하였습니다.

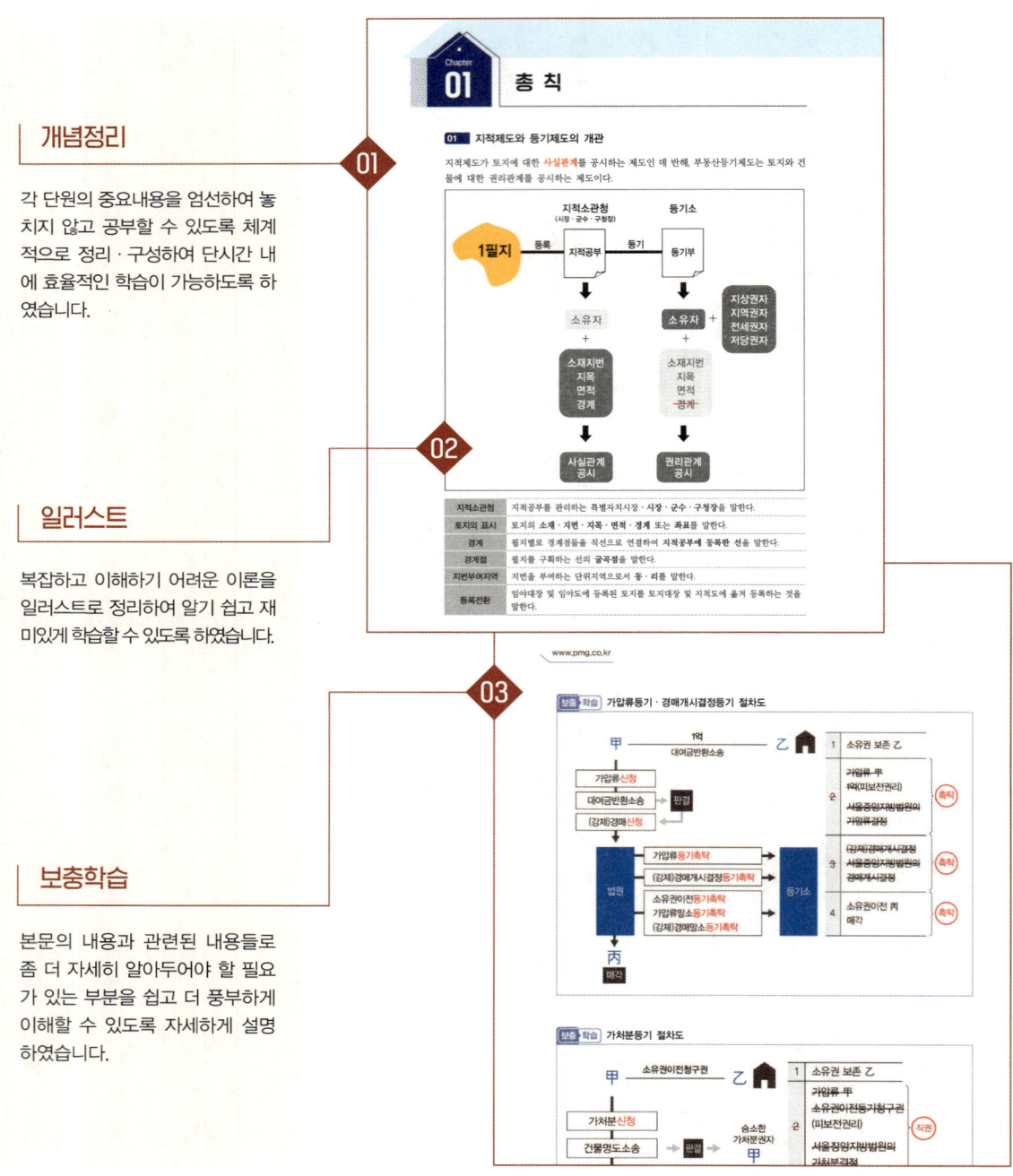

기출

4. 공간정보의 구축 및 관리 등에 관한 법령상 지번의 구성 및 부여방법 등에 관한 설명으로 틀린 것은? 제29회
① 지번은 아라비아 숫자로 표기하되, 임야대장 및 임야도에 등록하는 토지의 지번은 숫자 앞에 "산"자를 붙인다.
② 지번은 북서에서 남동으로 순차적으로 부여한다.
③ 지번은 본번과 부번으로 구성하되, 본번과 부번 사이에 "―"표시로 연결한다.
④ 지번은 국토교통부장관이 시·군·구별로 차례대로 부여한다.
⑤ 분할의 경우에는 분할 후의 필지 중 1필지의 지번은 분할 전의 지번으로 하고, 나머지 필지의 지번은 본번의 최종 부번 다음 순번으로 부번을 부여한다.

해설 ④ 지번은 지적소관청이 지번부여지역별로 차례대로 부여한다.

5. 공간정보의 구축 및 관리 등에 관한 법령상 지번의 구성 및 부여방법 등에 관한 설명으로 틀린 것은? 제24회
① 지번은 아라비아 숫자로 표기하되, 임야대장 및 임야도에 등록하는 토지의 지번은 숫자 앞에 "산"자를 붙인다.
② 지번은 본번과 부번으로 구성하되, 본번과 부번 사이에 "―"표시로 연결한다. 이 경우 "―"표시는 "의"라고 읽는다.
③ 축척변경 시행지역의 필지에 지번을 부여할 때에는 그 지번부여지역에서 인접토지의 본번에 부번을 붙여서 지번을 부여하여야 한다.
④ 신규등록 대상토지가 그 지번부여지역의 최종 지번의 토지에 인접하여 있는 경우...

기출 (04)
관련된 중요 기출문제를 선별하고, 학습한 내용이 실제로 어떻게 시험에 적용되었는지 숙지할 수 있습니다.

핵심노트 + 신탁등기 후 부동산을 처분하는 방법

① 신탁계약 (甲 위탁자 / 乙 수탁자)
순위	등기사항	
1	소유권보존 甲	
2	소유권이전 乙 / 신탁 / 신탁원부 제123호	공·신 → 일괄신청 (동시신청) / 단·신

② 전부처분
| 1 | 소유권보존 甲 |
| 2 | 소유권이전 乙 / 신탁 / 신탁원부 제123호 |
| 3 | 소유권이전 丙 / 신탁 말소 | 공·신 → 일괄신청 (동시신청) / 단·신

③ 일부처분
| 1 | 소유권보존 甲 |
| 2 | 소유권이전 乙 / 신탁 / 신탁원부 제123호 |
| 3 | 소유권이전 丙 1/3 / 신탁 변경 | 공·신 → 일괄신청 (동시신청) / 단·신

④ 주의사항
| 1 | 소유권보존 甲 |
| 2 | 소유권이전 乙 / 신탁 / 신탁원부 제123호 |
| 2-1 | 이 부동산에 관하여 법률행위를 하는 경우에... | 등기관 (직권)

핵심노트 (05)
단원별 출제비중이 높은 중요항목에 핵심노트를 수록하여 중요한 내용을 빠짐없이 체크할 수 있도록 하였습니다.

박문각 공인중개사

제1장 총칙
제2장 등록
제3장 지적공부
제4장 토지의 이동
제5장 지적측량

PART 01

공간정보의 구축 및 관리 등에 관한 법률

Chapter 01 총 칙

01 지적제도와 등기제도의 개관

지적제도가 토지에 대한 **사실관계**를 공시하는 제도인 데 반해, 부동산등기제도는 토지와 건물에 대한 권리관계를 공시하는 제도이다.

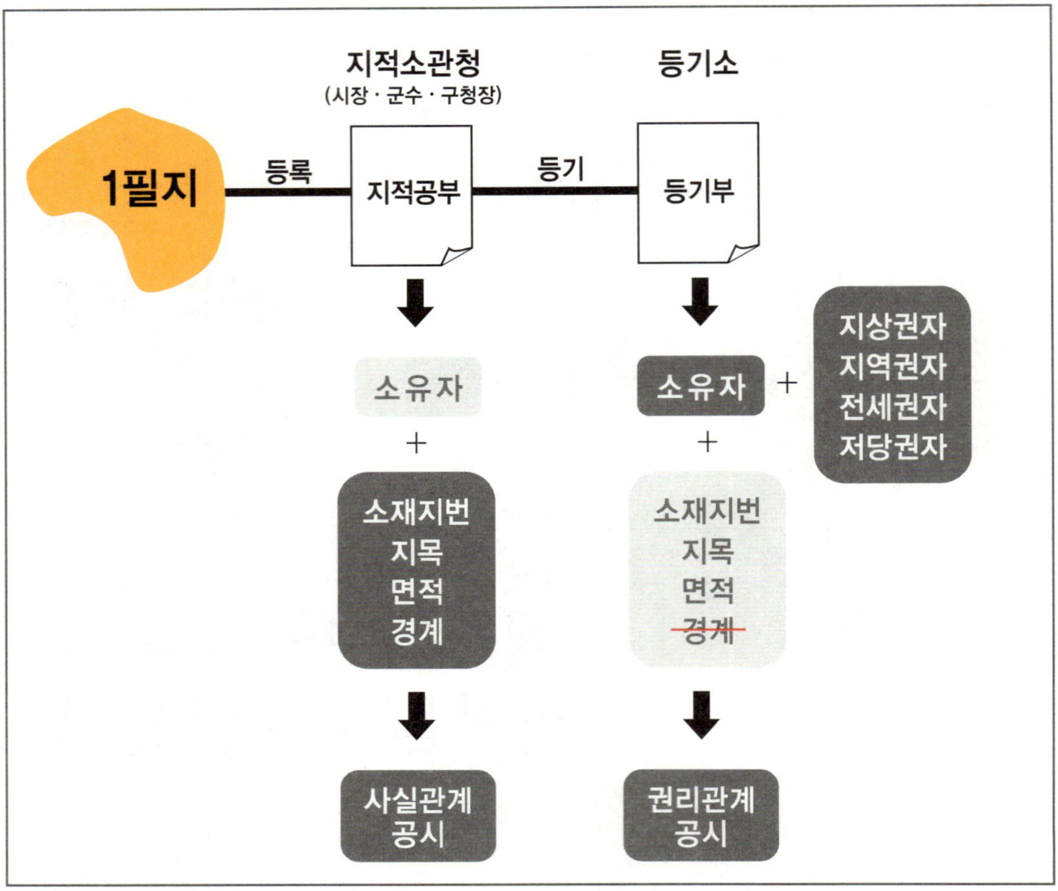

지적소관청	지적공부를 관리하는 특별자치시장 · **시장 · 군수 · 구청장**을 말한다.
토지의 표시	토지의 **소재 · 지번 · 지목 · 면적 · 경계** 또는 **좌표**를 말한다.
경계	필지별로 경계점들을 직선으로 연결하여 **지적공부에 등록한 선**을 말한다.
경계점	필지를 구획하는 선의 **굴곡점**을 말한다.
지번부여지역	지번을 부여하는 단위지역으로서 **동 · 리**를 말한다.
등록전환	임야대장 및 임야도에 등록된 토지를 토지대장 및 지적도에 옮겨 등록하는 것을 말한다.

02 지적공부의 종류

(1) 지적공부란 **토지대장, 임야대장, 공유지연명부, 대지권등록부, 지적도, 임야도** 및 **경계점좌표등록부** 등 지적측량 등을 통하여 조사된 토지의 표시와 해당 토지의 소유자 등을 기록한 대장 및 도면(정보처리시스템을 통하여 기록·저장된 것을 포함한다)을 말한다(법 제2조).

(2) 국토교통부장관은 모든 토지에 대하여 필지별로 소재, 지번, 지목, 면적, 경계 또는 좌표 등을 조사·측량하여 **지적공부**에 등록하여야 한다.

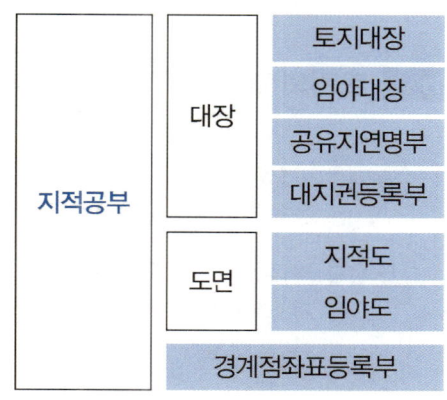

핵심 노트+ 지적공부의 편성방법

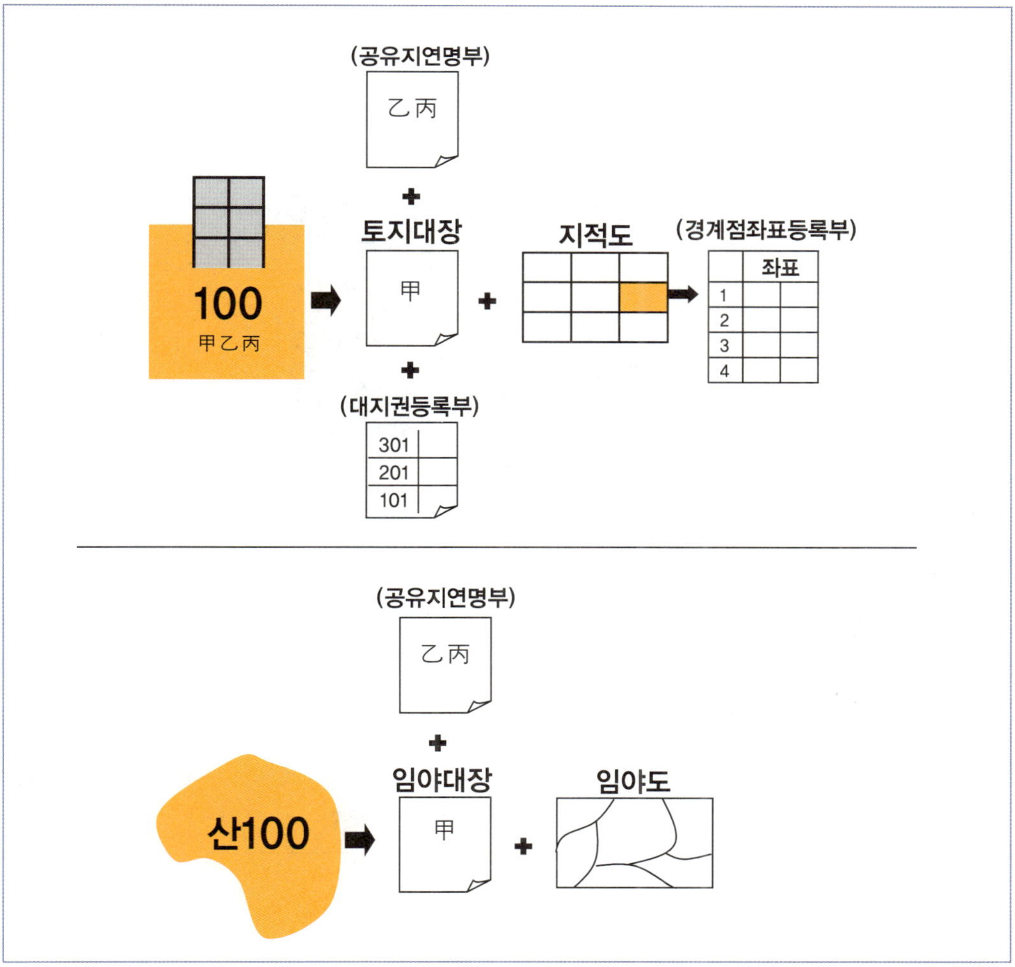

Chapter 02 등 록

01 토지의 조사 및 등록(법 제64조)

등록 주체	**국토교통부장관**은 모든 토지에 대하여 필지별로 소재, 지번, 지목, 면적, 경계 또는 좌표 등을 조사·측량하여 지적공부에 **등록하여야 한다**.
관리 주체	지적공부에 등록하는 지번, 지목, 면적, 경계 또는 좌표는 **토지의 이동**이 있을 때 **토지소유자**의 신청을 받아 **지적소관청**이 결정한다. 다만, **신청이 없으면** 지적소관청이 **직권**으로 조사하여 **결정**할 수 있다.
직권 결정	지적소관청은 토지의 이동현황을 **직권**으로 조사·측량하여 토지의 지번·지목·면적·경계 또는 좌표를 **결정**하려는 때에는 **토지이동현황 조사계획**을 수립하여야 한다. 이 경우 토지이동현황 조사계획은 **시·군·구**별로 수립하되, 부득이한 사유가 있는 때에는 **읍·면·동**별로 수립할 수 있다.

> **[용어]** **토지의 이동**이란 토지의 표시를 ① **새로 정하거나** ② **변경**, ③ **말소**하는 것을 말한다(신규등록, 등록전환, 분할, 합병, 지목변경, 등록말소, 등록사항정정, 축척변경).

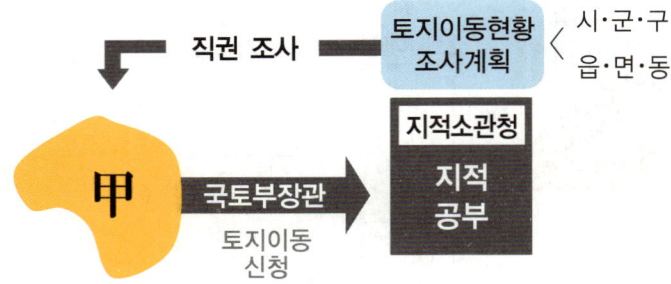

[보충학습] 지적소관청의 직권에 의한 등록절차

1. 토지이동 조사부
   지적소관청은 토지이동현황 조사계획에 따라 토지의 이동현황을 조사한 때에는 **토지이동 조사부**에 토지의 이동현황을 적어야 한다.
2. 지적공부의 정리
   지적소관청은 토지이동현황 조사 결과에 따라 토지의 지번·지목·면적·경계 또는 좌표를 결정한 때에는 이에 따라 **지적공부 정리**를 하여야 한다.

기출

1. 공간정보의 구축 및 관리 등에 관한 법령상 토지의 조사·등록 등에 관한 내용이다. ( )에 들어갈 사항으로 옳은 것은? _{제23회}

> (㉠)은(는) (㉡)에 대하여 필지별로 소재·지번·지목·면적·경계 또는 좌표 등을 조사·측량하여 지적공부에 등록하여야 한다. 지적공부에 등록하는 지번·지목·면적·경계 또는 좌표는 (㉢)이 있을 때 토지소유자의 신청을 받아 (㉣)이 결정한다.

① ㉠: 지적소관청, ㉡: 모든 토지, ㉢: 토지의 이용, ㉣: 국토교통부장관
② ㉠: 지적측량수행자, ㉡: 관리 토지, ㉢: 토지의 이동, ㉣: 국토교통부장관
③ ㉠: 지적측량수행자, ㉡: 모든 토지, ㉢: 토지의 이동, ㉣: 지적소관청
④ ㉠: 국토교통부장관, ㉡: 관리 토지, ㉢: 토지의 이용, ㉣: 지적소관청
⑤ ㉠: 국토교통부장관, ㉡: 모든 토지, ㉢: 토지의 이동, ㉣: 지적소관청

2. 토지의 이동이 있을 때 토지소유자의 신청이 없어 지적소관청이 토지의 이동현황을 직권으로 조사·측량하여 토지의 지번·지목·면적·경계 또는 좌표를 결정하기 위해 수립하는 계획은? _{제32회}

① 토지이동현황 조사계획
② 토지조사계획
③ 토지등록계획
④ 토지조사·측량계획
⑤ 토지조사·등록계획

3. 공간정보의 구축 및 관리 등에 관한 법령상 토지의 조사·등록에 관한 설명이다. ( )에 들어갈 내용으로 옳은 것은? _{제33회}

> • 지적소관청은 토지의 이동현황을 직권으로 조사·측량하여 토지의 지번·지목·면적·경계 또는 좌표를 결정하려는 때에는 토지이동현황 조사계획을 수립하여야 한다.
> • 이 경우 토지이동현황 조사계획은 (㉠)별로 수립하되, 부득이한 사유가 있는 때에는 (㉡)별로 수립할 수 있다.

① ㉠: 시·군·구, ㉡: 읍·면·동
② ㉠: 시·군·구, ㉡: 시·도
③ ㉠: 읍·면·동, ㉡: 시·군·구
④ ㉠: 읍·면·동, ㉡: 시·도
⑤ ㉠: 시·도, ㉡: 시·군·구

Answer 1. ⑤ 2. ① 3. ①

02 지번(시행령 제56조)

1 지번의 표기방법 및 관리

① 지번은 **지적소관청**이 **지번부여지역**(동·리)별로 차례대로 부여한다.
② 지번은 **북서**에서 **남동**으로 순차적으로 부여하여야 한다.
③ 지번은 본번과 부번으로 구성하되, 본번과 부번 사이에 "**-**"표시로 연결한다.
　이 경우 "**-**"**표시**는 "**의**"라고 읽는다.
④ 지번은 아라비아 숫자로 표기하되, 임야대장 및 임야도에 등록하는 토지의 지번은 숫자 앞에 "**산**"자를 붙인다.
⑤ 지적소관청은 지번의 순서에 결번이 생긴 때에는 **결번대장**을 작성하여야 한다.

2 지번의 변경

지적소관청은 **지번**을 **변경**할 필요가 있는 경우에는 시·**도지사나 대도시 시장의 승인**을 받아 지번부여지역의 전부 또는 일부에 대하여 지번을 새로 부여할 수 있다.

3 지번의 부여방법

(1) 신규등록 지역 `등록전환 지역`

원 칙	당해 지번부여지역 안의 **인접토지의 본번**에 **부번**을 붙여서 부여한다.
예 외	다음의 경우에는 그 지번부여지역의 **최종 본번**의 다음 순번부터 **본번**으로 하여 순차적으로 지번을 부여할 수 있다. ① 대상 토지가 그 지번부여지역의 최종 지번의 토지에 **인접**하여 있는 경우 ② 대상 토지가 이미 등록된 토지와 **멀리 떨어져** 있어 등록된 특정 토지의 본번에 부번을 부여하는 것이 불합리한 경우 ③ 대상 토지가 **여러** 필지로 되어 있는 경우

핵심 노트+

	99				
100-1	100				
	101			500	

	99				
	100				
	101			500	
			501	501	
			502		
		501	503		

(2) 분할지역

원칙	분할 후 필지 중 1필지의 지번은 **분할 전의 지번**으로 하고, 나머지 필지의 지번은 **본번의 최종 부번 다음** 순번으로 **부번**을 부여한다.
예외	주거·사무실 등의 건축물이 있는 필지에 대해서는 **분할 전의 지번**을 우선하여 부여하여야 한다.

핵심 노트+

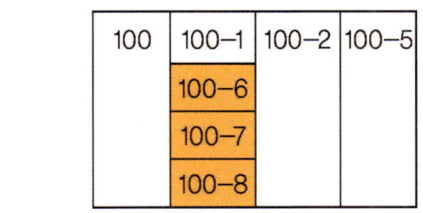 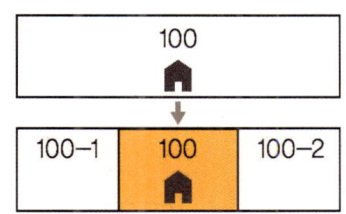

(3) 합병지역

원칙	합병 대상 지번 중 선순위의 지번을 그 지번으로 하되, 본번으로 된 지번이 있는 때에는 **본번 중 선순위**의 지번을 합병 후의 지번으로 한다.
예외	**토지소유자**가 합병 전 필지에 주거·사무실 등의 건축물이 위치한 지번을 합병 후의 지번으로 **신청**하는 때에는 **그 지번**을 합병 후 지번으로 부여하여야 한다.

핵심 노트+

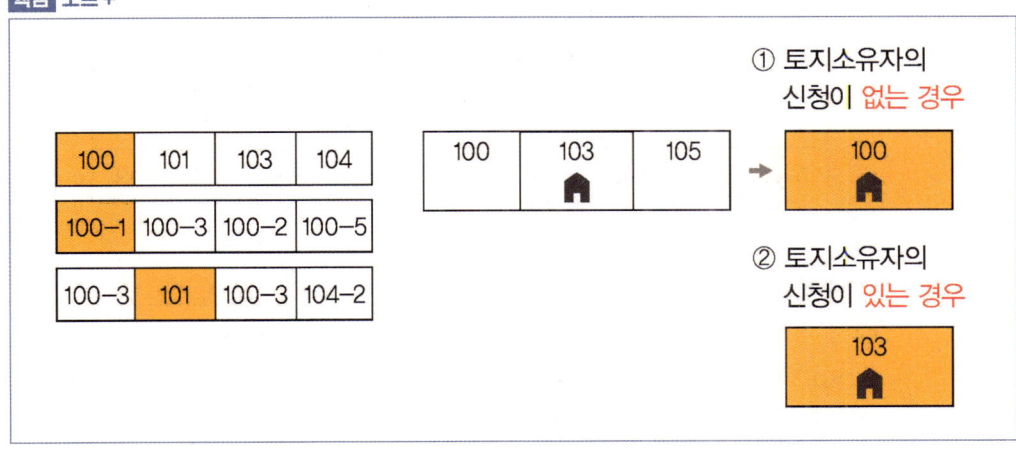

(4) 지적확정측량 실시지역(도시개발사업지역) 축척변경, 지번변경, 행정구역개편지역

원 칙	종전 지번 중 **본번**으로 부여한다. 다만, 다음의 지번은 제외한다. ① 지적확정측량 실시지역의 종전 지번과 지적확정측량 실시지역 **밖**에 있는 **본번이 같은 지번**이 있을 때 그 지번 ② 지적확정측량을 실시한 지역의 **경계에 걸쳐 있는 지번**
예 외	부여할 수 있는 종전 지번의 수가 새로 부여할 지번의 수보다 적은 때에는 ① **블록단위**로 하나의 본번을 부여한 후 필지별로 부번을 부여하거나, ② 그 지번부여지역의 **최종 본번** 다음 순번부터 **본번**으로 하여 차례로 지번을 부여할 수 있다.

핵심 노트 +

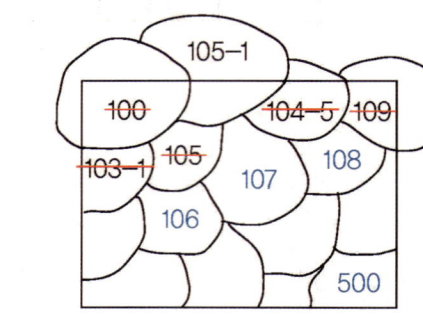

보충 학습 도시개발사업지역

지적소관청은 도시개발사업 등이 준공되기 전에 사업시행자가 지번부여 신청을 하면 지번을 부여할 수 있으며, 도시개발사업 등이 **준공되기 전**에 지번을 부여하는 때에는 **사업계획도**에 따르되, **지적확정측량 실시지역의 지번부여 방법**에 따라 지번을 부여하여야 한다.

> 기출

4. 공간정보의 구축 및 관리 등에 관한 법령상 지번의 구성 및 부여방법 등에 관한 설명으로 틀린 것은? <small>제29회</small>
   ① 지번은 아라비아 숫자로 표기하되, 임야대장 및 임야도에 등록하는 토지의 지번은 숫자 앞에 "산"자를 붙인다.
   ② 지번은 북서에서 남동으로 순차적으로 부여한다.
   ③ 지번은 본번과 부번으로 구성하되, 본번과 부번 사이에 "-"표시로 연결한다.
   ④ 지번은 국토교통부장관이 시·군·구별로 차례대로 부여한다.
   ⑤ 분할의 경우에는 분할 후의 필지 중 1필지의 지번은 분할 전의 지번으로 하고, 나머지 필지의 지번은 본번의 최종 부번 다음 순번으로 부번을 부여한다.

   해설 ④ 지번은 **지적소관청**이 **지번부여지역별**로 차례대로 부여한다.

5. 공간정보의 구축 및 관리 등에 관한 법령상 지번의 구성 및 부여방법 등에 관한 설명으로 틀린 것은? <small>제24회</small>
   ① 지번은 아라비아 숫자로 표기하되, 임야대장 및 임야도에 등록하는 토지의 지번은 숫자 앞에 "산"자를 붙인다.
   ② 지번은 본번과 부번으로 구성하되, 본번과 부번 사이에 "-"표시로 연결한다. 이 경우 "-"표시는 "의"라고 읽는다.
   ③ 축척변경 시행지역의 필지에 지번을 부여할 때에는 그 지번부여지역에서 인접토지의 본번에 부번을 붙여서 지번을 부여하여야 한다.
   ④ 신규등록 대상토지가 그 지번부여지역의 최종 지번의 토지에 인접하여 있는 경우에는 그 지번부여지역의 최종 본번의 다음 순번부터 본번으로 하여 순차적으로 지번을 부여할 수 있다.
   ⑤ 행정구역 개편에 따라 새로 지번을 부여할 때에는 도시개발사업 등이 완료됨에 따라 지적확정측량을 실시한 지역의 지번부여방법을 준용한다.

   해설 ③ **축척변경 시행지역, 지번변경지역, 행정구역 개편지역**에서는 지적확정측량을 실시한 지역의 각 필지에 지번을 새로 부여하는 방법을 준용하여 지번을 부여하여야 한다.

6. 공간정보의 구축 및 관리 등에 관한 법령상 등록전환에 따른 지번부여시 그 지번부여지역의 최종 본번의 다음 순번부터 본번으로 하여 순차적으로 지번을 부여할 수 있는 경우에 해당하는 것을 모두 고른 것은?   제35회

> ㉠ 대상토지가 여러 필지로 되어 있는 경우
> ㉡ 대상토지가 그 지번부여지역의 최종 지번의 토지에 인접하여 있는 경우
> ㉢ 대상토지가 이미 등록된 토지와 멀리 떨어져 있어서 등록된 토지의 본번에 부번을 부여하는 것이 불합리한 경우

① ㉠
② ㉠, ㉡
③ ㉠, ㉢
④ ㉡, ㉢
⑤ ㉠, ㉡, ㉢

7. 공간정보의 구축 및 관리 등에 관한 법령상 지번부여에 관한 설명이다. ( ) 안에 들어갈 내용으로 옳은 것은?   제27회

> 지적소관청은 도시개발사업 등이 준공되기 전에 사업시행자가 지번부여 신청을 하면 지번을 부여할 수 있으며, 도시개발사업 등이 준공되기 전에 지번을 부여하는 때에는 ( )에 따르되, 지적확정측량을 실시한 지역의 지번부여 방법에 따라 지번을 부여하여야 한다.

① 사업계획도
② 사업인가서
③ 지적도
④ 토지대장
⑤ 토지분할조서

Answer 4. ④ 5. ③ 6. ⑤ 7. ①

03 지목(시행령 제58조)

1 지목의 종류

지목이란 토지의 주된 용도에 따라 종류를 구분하여 표시하는 법률상의 명칭을 말한다.

1	전	• **물을** 상시적으로 **이용하지 아니하고** 곡물·원예작물·약초·뽕나무·닥나무·묘목·관상수 등의 식물을 **재배**하는 토지 • 죽순을 **재배**하는 토지
2	답	• **물을** 상시적으로 **이용하여** 벼·연·미나리 등의 식물을 **재배**하는 토지
3	유지	• 연·왕골 등이 **자생**하는 **배수가 잘 되지 않는 토지** • 물을 저장하고 있는 **댐·저수지·소류지·호수·연못** 등의 토지
4	구거	• 용수 또는 배수를 위하여 일정한 형태를 갖춘 **인공적인 수로**·둑 • **자연의 유수**(流水)가 있거나 있을 것으로 예상되는 **소규모** 수로 부지
5	하천	• **자연의 유수**(流水)가 있거나 있을 것으로 예상되는 토지
6	광천지	• 지하에서 온수·약수·석유류 등이 **용출**되는 용출구와 그 부지
7	양어장	• **육상**에 인공으로 조성된 수산생물의 번식 또는 양식을 위한 시설 부지
8	수도용지	• 물을 정수하여 공급하는 취**수**·저**수**·도**수**·정**수**·송**수**·배**수**시설 부지
9	제방	• 조수·모래·바람 등을 막기 위한 **방**조제·**방**수제·**방**사제·**방**파제 부지
10	염전	• 바닷물을 끌어들여 소금을 채취하기 위해 조성된 토지
		※ **동력**을 이용하여 **소금**을 **제조**하는 공장시설물의 부지 ➡ 공장용지
11	과수원	• 사과·배·밤·호두·귤나무 등 과수류를 집단적으로 재배하는 토지 • 과수원에 접속된 **부속시설물 부지**
12	목장용지	• 축산업, 낙농업을 위해 초지를 조성하거나 가축을 사육하는 축사부지 • 목장용지에 접속된 **부속시설물 부지**
		※ 과수원 또는 목장용지에 접속된 **주거용 건축물 부지** ➡ 대
13	임야	• **수림지·죽림지·암**석지·**자**갈땅·**모래**땅·**습**지·**황무지** 등의 토지
14	대	• **영구적 건축물**(주거, 사무실)부지·**문화시설**(점포, 박물관, 극장 등)부지 • 「국토의 계획 및 이용에 관한 법률」 등에 따른 **택지조성공사가 준공된 토지**

15	공장용지	• 제조업을 하는 공장시설물 부지 및 공장부지 조성공사가 준공된 토지 • 공장용지와 같은 구역 안에 있는 **의료시설 등 부속시설물 부지**
16	학교용지	• 학교의 교사와 이에 접속된 체육장 등 부속시설물의 부지
17	종교용지	• 종교의식을 하기 위한 **교회·사찰·향교** 등 건축물 부지
18	주차장	• 자동차 등 주차에 필요한 독립적 시설부지와 주차전용건축물 부지 • 시설물부지 **인근**에 설치된 **부설주차장**

※ **노상주차장·부설주차장**·야외전시장·물류장 ➡ 주차장 ✕

19	주유소 용지	• 석유·석유제품, 액화석유가스, 전기 또는 수소 등의 **판매**를 위하여 일정한 설비를 갖춘 시설물의 부지 • 저유소 및 원유**저장**소의 부지

※ 자동차·선박·기차의 제작 또는 **정비공장 안에 설치된** 급유·송유시설 부지
➡ 공장용지

20	창고용지	• 물건 등을 **보관** 또는 **저장**하기 위해 독립적으로 설치된 보관시설물 부지
21	도 로	• 보행 또는 차량운행에 이용되는 토지 및 「도로법」에 따른 도로 • **고속도로** 안의 **휴게소** 부지 • 2필지 이상에 진입하는 **통로**

※ 아파트·공장 등 단일 용도의 단지 안에 설치된 **통로** ➡ 도로 ✕

22	철도용지	• 교통 운수를 위하여 일정한 **궤도** 등의 설비·형태를 갖추어 이용되는 토지와 이에 접속된 역사·차고·공작창 등 부속시설물의 부지
23	공원	• 일반 공중의 보건·휴양 등에 이용하기 위한 시설을 갖춘 토지로서 「국토의 계획 및 이용에 관한 법률」에 따라 **공원·녹지**로 결정·고시된 토지
24	묘 지	• 사람의 시체나 유골이 매장된 토지 • 「도시공원 및 녹지 등에 관한 법률」에 따른 **묘지공원** 및 **봉안시설** 부지

※ 묘지 관리를 위한 건축물 부지 ➡ 대

25	체육용지	• 종합운동장·실내체육관·야구장·골프장·스키장·승마장·경륜장 등 체육시설의 토지

※ 체육시설로서 **영속성, 독립성이 미흡한** 골프연습장, 실내수영장 및 체육도장, 유수를 이용한 요트장 및 카누장 등의 **토지** ➡ 체육용지 ✕

26	유원지	• 위락·휴양 등에 적합한 시설물을 종합적으로 갖춘 수영장·유선장·낚시터·어린이놀이터·동물원·식물원·민속촌·경마장·**야영장** 등의 토지
27	사적지	• 국가유산으로 지정된 유적·고적·기념물 등을 보존하기 위한 토지

※ 학교용지·공원·종교용지 등 다른 지목으로 된 토지 **안에 있는** 유적·고적·기념물 등을 보호하기 위하여 구획된 **토지 ➡ 사적지** ×

28	잡종지	• 여객자동차터미널, 자동차운전학원 및 폐차장 등 **자동차** 시설·**항만**시설 및 **공항**시설 부지 • **쓰레기**처리장 및 **오물**처리장, 갈대밭, 야외시장 • 돌을 **캐내는 곳**, 흙을 **파내는 곳**, 실외에 물건을 **쌓아두는 곳** • **변**전소, 수신소, **송**신소, **송**유시설

※ 원상회복을 조건으로 돌을 캐거나 흙을 파내는 토지 ➡ 잡종지 ×

2 지목의 부호

① 토지대장과 임야대장에 등록할 때에는 **정식명칭**을 기록하여야 한다.
② 지적도와 임야도에 등록할 때에는 **부호**를 기록하여야 한다.

지목	부호	지목	부호
전	전	철도용지	철
답	답	제방	제
과수원	과	하**천**	**천**
목장용지	목	구거	구
임야	임	유지	유
광천지	광	양어장	양
염전	염	수도용지	수
대	대	공원	공
공**장**용지	장	체육용지	체
학교용지	학	유**원**지	**원**
주**차**장	차	종교용지	종
주유소용지	주	사적지	사
창고용지	창	묘지	묘
도로	도	잡종지	잡

> **보충학습** 지목 설정의 원칙

1. **1필 1목의 원칙**
   하나의 필지에는 하나의 지목만을 표시하여야 한다.
2. **주지목(용도) 추종의 원칙**
   종된 용도의 토지는 주된 용도의 토지의 지목으로 등록할 수 있다.
3. **영속성의 원칙**
   임시적이고 일시적인 용도의 변경이 있는 경우에는 지목변경을 할 수 없다.
4. **사용목적 추종의 원칙**
   도시개발사업지역의 사업시행자가 원활한 사업추진을 위하여 공사 준공 전에 토지의 합병을 신청하는 경우, 사용목적에 따라 미리 지목을 설정할 수 있다.

기출

8. 지목의 구분기준에 관한 설명으로 옳은 것은? 제22회
   ① 산림 및 원야를 이루고 있는 자갈땅·모래땅·습지·황무지 등의 토지는 "잡종지"로 한다.
   ② 물건 등을 보관하거나 저장하기 위하여 독립적으로 설치된 보관시설물의 부지와 이에 접속된 부속시설물의 부지는 "창고용지"로 한다.
   ③ 과수류를 집단적으로 재배하는 토지와 이에 접속된 주거용 건축물의 부지는 "과수원"으로 한다.
   ④ 용수 또는 배수를 위하여 일정한 형태를 갖춘 인공적인 수로·둑 및 그 부속시설물의 부지는 "유지"로 한다.
   ⑤ 지하에서 석유류 등이 용출되는 용출구와 그 유지에 사용되는 부지는 "주유소용지"로 한다.

   해설 ① 산림 및 원야를 이루고 있는 자갈땅·모래땅·습지·황무지 등의 토지는 "임야"로 한다.
   ③ 과수류를 집단적으로 재배하는 토지는 "과수원"으로 하고 이에 접속된 주거용 건축물의 부지는 "대"로 한다.
   ④ 용수 또는 배수를 위하여 일정한 형태를 갖춘 인공적인 수로·둑 및 그 부속시설물의 부지는 "구거"로 한다.
   ⑤ 지하에서 석유류 등이 용출되는 용출구와 그 유지에 사용되는 부지는 "광천지"로 한다.

9. 지목의 구분에 관한 설명으로 옳은 것은? 제29회
① 일반 공중의 보건·휴양 및 정서생활에 이용하기 위한 시설을 갖춘 토지로서 「국토의 계획 및 이용에 관한 법률」에 따라 공원 또는 녹지로 결정·고시된 토지는 "체육용지"로 한다.
② 온수·약수·석유류 등을 일정한 장소로 운송하는 송수관·송유관 및 저장시설의 부지는 "광천지"로 한다.
③ 물을 상시적으로 직접 이용하여 연(蓮)·미나리·왕골 등의 식물을 주로 재배하는 토지는 "답"으로 한다.
④ 해상에 인공으로 조성된 수산생물의 번식 또는 양식을 위한 시설을 갖춘 부지는 "양어장"으로 한다.
⑤ 자연의 유수가 있거나 있을 것으로 예상되는 소규모 수로부지는 "하천"으로 한다.

해설 ① 일반 공중의 보건·휴양 및 정서생활에 이용하기 위한 시설을 갖춘 토지로서 「국토의 계획 및 이용에 관한 법률」에 따라 공원 또는 녹지로 결정·고시된 토지는 "공원"으로 한다.
② 온수·약수·석유류 등을 일정한 장소로 운송하는 송수관·송유관 및 저장시설의 부지는 "광천지"로 할 수 없다.
④ 육상에 인공으로 조성된 수산생물의 번식 또는 양식을 위한 시설을 갖춘 부지는 "양어장"으로 한다.
⑤ 자연의 유수가 있거나 있을 것으로 예상되는 소규모 수로부지는 "구거"로 한다.

10. 공간정보의 구축 및 관리 등에 관한 법령상 지목을 도로로 정할 수 없는 것은? (단, 아파트·공장 등 단일 용도의 일정한 단지 안에 설치된 통로 등은 제외함) 제31회
① 일반 공중(公衆)의 교통 운수를 위하여 보행이나 차량운행에 필요한 일정한 설비 또는 형태를 갖추어 이용되는 토지
② 「도로법」 등 관계 법령에 따라 도로로 개설된 토지
③ 고속도로의 휴게소 부지
④ 2필지 이상에 진입하는 통로로 이용되는 토지
⑤ 교통 운수를 위하여 일정한 궤도 등의 설비와 형태를 갖추어 이용되는 토지

해설 ⑤ 교통운수를 위하여 일정한 궤도 등의 설비와 형태를 갖추어 이용되는 토지는 "철도용지"로 하여야 한다.

Answer　8. ②　9. ③　10. ⑤

04 경 계

1 경계의 의의

경계라 함은 필지별로 경계점 간을 **직선**으로 연결하여 지적공부에 등록한 선을 말한다.

2 경계의 설정방법

(1) **분할에 따른 지상 경계의 결정**

분할에 따른 지상 경계는 지상건축물을 걸리게 결정해서는 아니 된다. **다만, 다음의 경우에는 그러하지 아니하다**(영 제55조 제4항).

> ① 법원의 **확정판결**에 따라 토지를 **분할**하는 경우
> ② **공공사업** 등에 따라 학교용지·도로·철도용지·제방·하천·구거·유지·수도용지 등의 지목으로 되는 토지를 **분할**하는 경우
> ③ **도시개발사업** 등의 사업시행자가 사업지구의 경계를 결정하기 위하여 토지를 분할하는 경우
> ④ 「국토의 계획 및 이용에 관한 법률」 규정에 따른 도시·군관리계획 결정고시와 지형도면 고시가 된 지역의 **도시·군관리계획선**에 따라 토지를 **분할**하는 경우

기출

11. 분할에 따른 지상 경계를 지상건축물에 걸리게 결정할 수 없는 경우는? 제24회
   ① 소유권이전 및 매매를 위하여 토지를 분할하는 경우
   ② 법원의 확정판결에 따라 토지를 분할하는 경우
   ③ 도시개발사업 시행자가 사업지구의 경계를 결정하기 위하여 토지를 분할하는 경우
   ④ 「국토의 계획 및 이용에 관한 법률」에 따른 도시·군관리계획 결정고시와 지형도면 고시가 된 지역의 도시·군관리계획선에 따라 토지를 분할하는 경우
   ⑤ 공공사업 등에 따라 학교용지·도로·철도용지·제방 등의 지목으로 되는 토지를 분할하는 경우

Answer 11. ①

3 지상 경계의 결정(시행령 제55조)

지상 경계의 결정기준은 다음의 구분에 따른다. 다만, 지상 경계의 구획을 형성하는 구조물 등의 소유자가 다른 경우에는 그 소유권에 따라 지상 경계를 결정한다.

지상경계의 결정	
① 연접되어 있는 토지 사이에 높낮이 차이가 없는 경우에는 그 구조물의 **중앙**을 경계로 한다.	
② 연접되어 있는 토지 사이에 높낮이 차이가 있는 경우에는 그 구조물의 **하단부**를 경계로 한다.	
③ 토지가 해면(또는 수면)에 접하는 경우에는 **최대만조위(최대만수위)**가 되는 선을 경계로 한다.	
④ 도로·구거 등의 토지에 절토(땅깎기)된 부분이 있는 경우에는 그 경사면의 **상단부**를 경계로 한다.	
⑤ 공유수면매립지의 토지 중 제방을 토지에 편입하여 등록하는 경우에는 **바깥쪽 어깨부분**을 경계로 한다.	

기출

12. 공간정보의 구축 및 관리 등에 관한 법령상 지상경계의 결정기준으로 옳은 것은? (단, 지상경계의 구획을 형성하는 구조물 등의 소유자가 다른 경우는 제외함) 제32회

① 연접되는 토지 간에 높낮이 차이가 있는 경우: 그 구조물 등의 하단부
② 공유수면매립지의 토지 중 제방 등을 토지에 편입하여 등록하는 경우: 그 경사면의 하단부
③ 도로·구거 등의 토지에 절토(땅깎기)된 부분이 있는 경우: 바깥쪽 어깨부분
④ 토지가 해면 또는 수면에 접하는 경우: 최소만조위 또는 최소만수위가 되는 선
⑤ 연접되는 토지 간에 높낮이 차이가 없는 경우: 그 구조물 등의 상단부

해설 ② 공유수면매립지의 토지 중 제방 등을 토지에 편입하여 등록하는 경우: 바깥쪽 어깨부분
③ 도로·구거 등의 토지에 절토(땅깎기)된 부분이 있는 경우: 상단부
④ 토지가 해면 또는 수면에 접하는 경우: 최대만조위 또는 최대만수위가 되는 선
⑤ 연접되는 토지 간에 높낮이 차이가 없는 경우: 중앙

Answer 12. ①

4 경계의 위치표시

① 토지의 지상 경계는 **둑, 담장**이나 그 밖에 구획의 목표가 될 만한 **구조물** 및 **경계점표지** 등으로 구분한다.
② **지적소관청**은 토지의 이동에 따라 지상 경계를 **새로 정한 경우**에는 **지상경계점등록부**를 작성·관리하여야 한다.

🔔 공간정보의 구축 및 관리 등에 관한 법률 시행규칙 [제58호]

지상경계점등록부

소재·지번	공부상 지목	대	면적	200㎡
○시 ○구 ○동 ○번지	실제이용지목	전		

위치도	토지이용계획	1종 전용주거지역
	개별공시지가	123,400원
	측량자	박철수
	검사자	김영철
	입회인	김영희

부호 및 부호도	부호	경계점 표지의 종류	경계점의 위치
1 2 3 4	1	목재	전과 대지의 경계
	2	목재	콘크리트 도로 끝선
	3	철못	옹벽상단
	4	철못	담장모서리

부호	경계점 위치 설명도	경계점의 사진 파일
1	담장 중앙에서 1m	

경계점의 좌표(경계점좌표등록부 시행지역만 해당함)

부호	좌표 X	Y	부호	좌표 X	Y
1	m	m	1	m	m
2			2		

ℹ️ 토지소유자, 고유번호, 도면번호 등은 지상경계점등록부의 등록사항에 해당하지 않는다.

기출

13. 공간정보의 구축 및 관리 등에 관한 법령상 지상경계점등록부의 등록사항에 해당하는 것을 모두 고른 것은?

    제26회

    > ㉠ 경계점표지의 종류 및 경계점 위치
    > ㉡ 공부상 지목과 실제 토지이용 지목
    > ㉢ 토지소유자와 인접토지소유자의 서명·날인
    > ㉣ 경계점 위치 설명도와 경계점의 사진 파일

    ① ㉠, ㉣
    ② ㉡, ㉢
    ③ ㉢, ㉣
    ④ ㉠, ㉡, ㉣
    ⑤ ㉠, ㉡, ㉢, ㉣

    해설 ㉢ 토지소유자와 인접토지소유자의 서명·날인에 관한 사항은 지상경계점등록부의 등록사항에 해당하지 않는다.

Answer 13. ④

05 면 적

1 의 의

면적이란 지적측량에 의하여 지적공부에 등록된 토지의 **수평면상의 넓이**를 의미한다.

2 면적의 축척별 등록단위

구 분	축 척	대상 지역	최소 면적 단위
지적도	1/500 1/600	도시개발 사업지역	※ $0.1m^2$ 미만인 경우 ⇨ $0.1m^2$
지적도	1/1000 1/1200 1/2400 1/3000 1/6000	일반지역	※ $1m^2$ 미만인 경우 ⇨ $1m^2$
임야도	1/3000 1/6000	산간지역	

3 면적의 결정방법

1/500, 600
※ 최소면적단위 ➡ $0.1m^2$

- $123.36m^2$ ⇨ $123.4m^2$
- $123.34m^2$ ⇨ $123.3m^2$
- $123.35m^2$ ⇨ $123.4m^2$ (홀)
- $123.45m^2$ ⇨ $123.4m^2$ (짝)
- $0.03m^2$ ⇨ $0.1m^2$
- $123.441m^2$ ⇨ $123.4m^2$
- $123.451m^2$ ⇨ $123.5m^2$

1/1000, 1200, 2400, 3000, 6000
※ 최소면적단위 ➡ $1m^2$

- $123.6m^2$ ⇨ $124m^2$
- $123.4m^2$ ⇨ $123m^2$
- $123.5m^2$ ⇨ $124m^2$ (홀)
- $124.5m^2$ ⇨ $124m^2$ (짝)
- $0.3m^2$ ⇨ $1m^2$
- $123.41m^2$ ⇨ $123m^2$
- $123.51m^2$ ⇨ $124m^2$

4 면적측정 방법

지 역	축 척	측량방법	경계점좌표등록부	면적측정 방법
농어촌지역	1/1000 1/1200 1/2400 1/3000 1/6000	평판측량	×	전자면적측정기
지적확정측량실시지역 (도시개발사업지역)	1/500 1/600	경위의측량	○	좌표면적계산법

핵심 노트+ 면적측정방법 2가지

농어촌지역

평판측량 → 토지대장 123m² + 지적도 1/1200 축척
↑
전자면적측정기

지적확정측량실시지역 〈도시개발사업지역〉

경위의측량 → 토지대장 123.4m² + 지적도 1/500 축척 → 경계점좌표등록부

	좌표	
1	2	3
2	4	5
3	6	7
4	8	9

↑
좌표면적계산법

5 면적측정 대상

지적측량을 실시하여 필지 단위로 경계를 설정한 후, 그 경계선을 기준으로 면적을 측정하여야 한다.

면적측정을 하는 경우	① 지적공부의 복구 ② 토지의 신규등록 ③ 등록전환 ④ 분할 ⑤ 축척변경 ⑥ 면적 또는 경계의 정정 ⑦ 도시개발사업 등으로 토지의 표시를 새로이 결정하는 경우
면적측정을 하지 않는 경우	① 합병 ② 지목변경 ③ 지적공부의 재작성 ④ 면적의 환산

기출

14. 경위의측량방법에 의하여 지적확정측량을 시행하는 지역에서 1필지의 면적을 산출한 결과 730.45m²인 경우 지적공부에 등록할 면적으로 옳은 것은? 제16회

① 730m²   ② 730.4m²   ③ 730.45m²
④ 730.5m²   ⑤ 731m²

15. 경계점좌표등록부에 등록하는 지역에서 1필지의 면적측정을 위해 계산한 값이 1,029.551m²인 경우 토지대장에 등록할 면적으로 옳은 것은? 제27회

① 1,029.55m²   ② 1,029.56m²   ③ 1,029.5m²
④ 1,029.6m²   ⑤ 1,030.0m²

16. 공간정보의 구축 및 관리 등에 관한 법령상 세부측량시 필지마다 면적을 측정하여야 하는 경우가 아닌 것은? 제24회

① 지적공부의 복구를 하는 경우
② 등록전환을 하는 경우
③ 지목변경을 하는 경우
④ 축척변경을 하는 경우
⑤ 도시개발사업 등으로 인한 토지의 이동에 따라 토지의 표시를 새로 결정하는 경우

17. 면적에 관한 설명 중 틀린 것은? 제18회
   ① 경위의측량방법으로 세부측량을 한 지역의 필지별 면적측정은 전자면적측정기에 의한다.
   ② 경계점좌표등록부에 등록하는 지역의 토지 면적은 m^2이하 한자리 단위로 결정한다.
   ③ '면적'이란 지적공부에 등록된 필지의 수평면상의 넓이를 말한다.
   ④ 신규등록, 등록전환을 하는 때에는 새로이 측량하여 각 필지의 면적을 정한다.
   ⑤ 토지합병을 하는 경우의 면적결정은 합병 전의 각 필지의 면적을 합산하여 그 필지의 면적으로 한다.

18. 공간정보의 구축 및 관리 등에 관한 법령상 지적도와 임야도의 축척 중에서 공통된 것으로 옳은 것은? 제35회
   ① 1/1200, 1/2400
   ② 1/1200, 1/3000
   ③ 1/2400, 1/3000
   ④ 1/2400, 1/6000
   ⑤ 1/3000, 1/6000

19. 공간정보의 구축 및 관리 등에 관한 법령상 지적도의 축척에 해당하는 것을 모두 고른 것은? 제29회

   | ㉠ 1/1000 | ㉡ 1/2000 | ㉢ 1/2400 |
   | ㉣ 1/3000 | ㉤ 1/6000 | |

   ① ㉠, ㉢
   ② ㉠, ㉡, ㉢
   ③ ㉠, ㉣, ㉤
   ④ ㉡, ㉣, ㉤
   ⑤ ㉠, ㉢, ㉣, ㉤

20. 공간정보의 구축 및 관리 등에 관한 법령상 임야도의 축척에 해당하는 것을 모두 고른 것은? 제32회

   | ㉠ 1/2000 | ㉡ 1/2400 | ㉢ 1/3000 |
   | ㉣ 1/6000 | ㉤ 1/50000 | |

   ① ㉠, ㉢
   ② ㉢, ㉣
   ③ ㉠, ㉡, ㉤
   ④ ㉡, ㉢, ㉣
   ⑤ ㉡, ㉢, ㉣, ㉤

Answer 14. ② 15. ④ 16. ③ 17. ① 18. ⑤ 19. ⑤ 20. ②

Chapter 03 지적공부

01 지적공부의 의의

(1) 지적공부는 토지의 **지적에 관한 내용(소재, 지번, 지목, 면적, 경계** 또는 **좌표)**을 등록하여 공적으로 증명하는 장부를 말한다.

(2) **국토교통부장관은** 모든 **토지**에 대하여 필지별로 소재, 지번, 지목, 면적, 경계 또는 좌표 등을 조사·측량하여 **지적공부(토지대장·지적도·임야대장·임야도·경계점좌표등록부·공유지연명부·대지권등록부)**에 등록하여야 한다.

☑ 지적공부의 종류

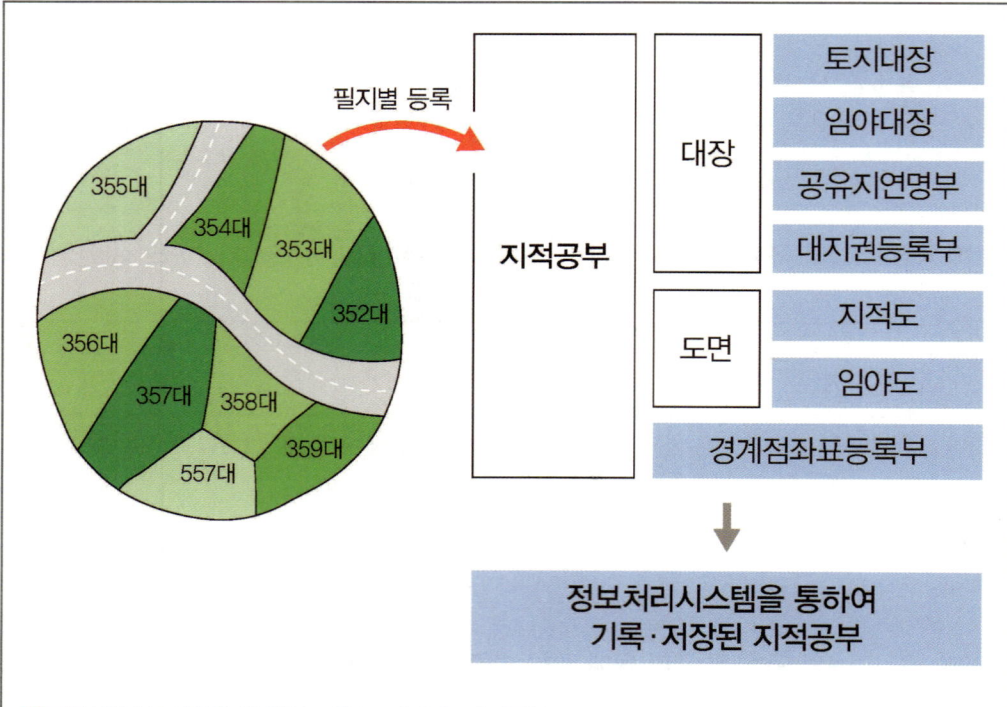

🔸 정보처리시스템을 통하여 기록·저장된 지적공부
  1. 정보처리시스템에 의해 처리할 수 있는 형태로 작성된 자기디스크·자기테이프 등에 지적공부의 등록사항을 기록·저장 및 관리하는 집합물을 말한다.
  2. 지적공부에 등록할 사항을 정보처리시스템을 통하여 기록·저장된 지적공부에서 관리하는 경우에는 이를 해당 지적공부에 등록하지 아니할 수 있다.

02 토지(임야)대장

☑ 공간정보의 구축 및 관리 등에 관한 법률 시행규칙 [별지 제63호]

고유번호	1316000101-1-0365-0000			토지대장	도면번호	20장 중 9호
소 재	○시 ○구 ○동				장 번호	
지 번	123	축척	1/1200		비 고	

토지 표시			소 유 자		
지목 (정식명칭)	면적	토지이동 사유	변동일자	주	소
			변동원인	성명	주민등록번호
공장용지	500m²	분할	○년○월○일	박철수	850826-1234567
			소유권이전		
공장용지	600m²	합병	○년○월○일	김영희	900623-2234567
			소유권이전		
토지 등급 (기준수확량등급)			82	91	93
개별공시지가(원/m²)			○년○월○일	○년○월○일	○년○월○일
			50,000원	100,000원	150,000원

보충학습 고유번호의 구성

1316000101 - 1 - 0365-0000

행정구역   지적공부   지번

1 ⇨ 토지대장에 등록된 토지
2 ⇨ 임야대장에 등록된 토지

03 공유지연명부

☑ 공간정보의 구축 및 관리 등에 관한 법률 시행규칙 [별지 제65호]

고유번호		공유지연명부			
소재	○시○구○동	지번	123	장 번호	
변동 일자	소유권 지분	소 유 자			
변동 원인		주 소		주민등록번호	
				성 명	
○년○월○일	1/2	서울시 서초구 서초동 123번지		801221-1234567	
소유권이전				박철수	
○년○월○일	1/2	서울시 서초구 서초동 123번지		851221-2234567	
소유권이전				김영희	

04 대지권등록부

☑ 공간정보의 구축 및 관리 등에 관한 법률 시행규칙 [별지 제65호]

고유번호		대지권등록부		건물명칭	현대APT
소재	○시○구○동	지번	123	전유부분 건물표시	101동 101호
				대지권 비 율	123/1000
변동일자	소유권 지분	소 유 자			
변동원인		주 소		주민등록번호	
				성 명	
○년○월○일	1/2	○시 ○구 ○동 365번지		801221-1234567	
소유권이전				박철수	
○년○월○일	1/2	○시 ○구 ○동 365번지		851221-2234567	
소유권이전				김영희	

등록사항 총정리

등록사항	대장			도면		경계점좌표 등록부
	토지대장 / 임야대장	공유지 연명부	대지권 등록부	지적도	임야도	
소재·지번	모두					
면적 토지이동사유 개별공시지가	■					
소유권의 지분		■	■			
대지권의 비율 건물 명칭			■			
소유자 표시	소대장					
색인도 도면의 제명 도곽선의 수치 경계 지적기준점 건축물 및 구조물						
지목						
도면번호						
고유번호						
부호(도)·좌표						

05 도면(지적도·임야도)

☑ 경계점좌표등록부를 갖추어 두지 않는 지역의 지적도

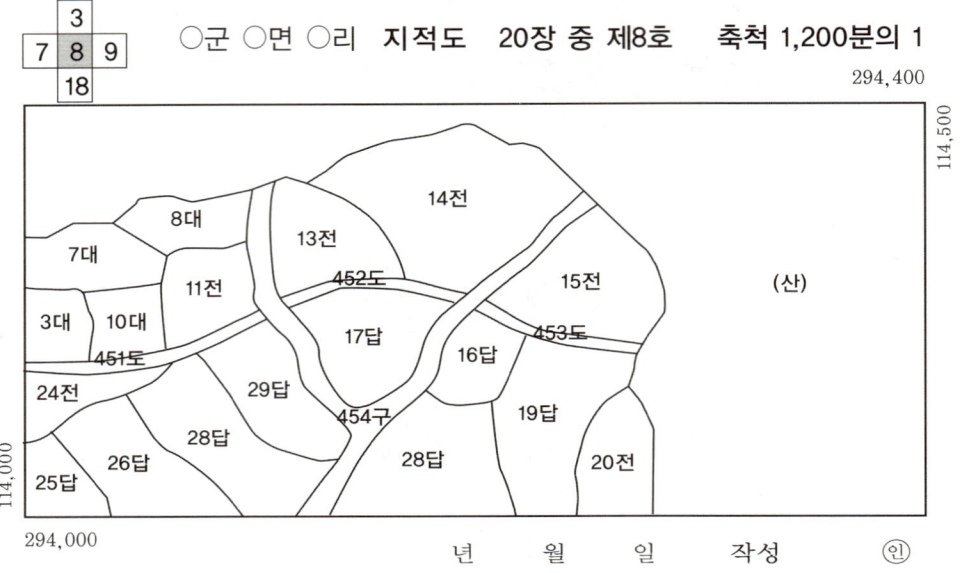

☑ 경계점좌표등록부를 갖추어 두는 지역의 지적도

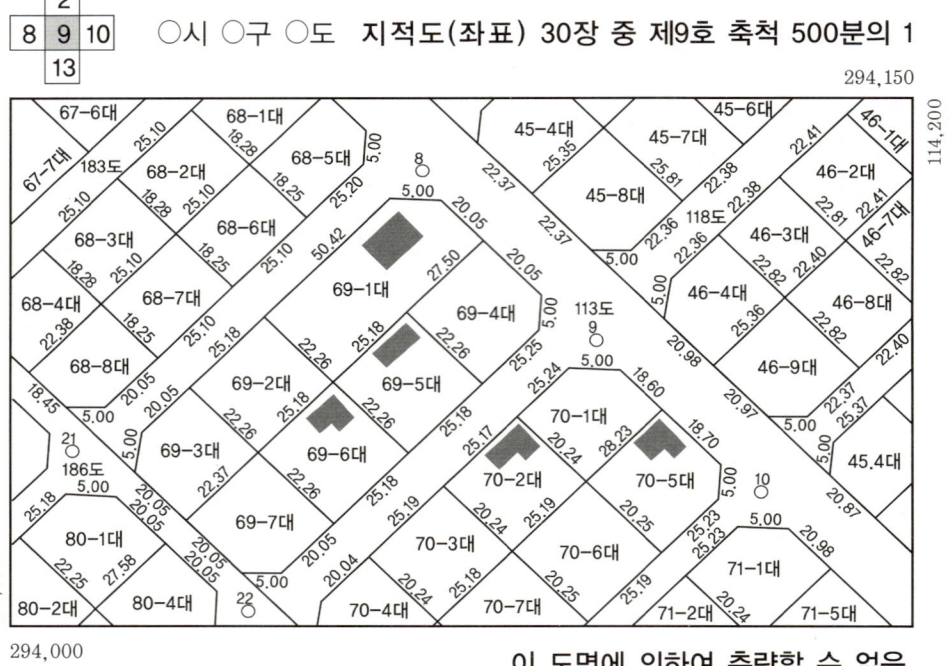

> **보충·학습** **지적기준점**(법 제27조)

① 시·도지사나 지적소관청은 지적기준점성과와 그 측량기록을 보관하고 일반인이 열람할 수 있도록 하여야 한다.
② 지적기준점의 성과 등을 열람하거나 등본을 발급받으려는 자는 지적삼각점성과에 대해서는 시·도지사 또는 지적소관청에 신청하고, 지적삼각보조점성과 및 지적도근점성과에 대해서는 지적소관청에 신청하여야 한다.

구 분	지적기준점성과의 열람·발급신청
지적삼각점	**시·도지사** 또는 지적소관청
지적삼각보조점	지적소관청
지적도근점	지적소관청

> **보충·학습** **경계점좌표등록부를 갖추어 두는 지역의 지적도**(규칙 제69조 제3항)

① 경계점좌표등록부를 갖추어 두는 지역의 지적도에는
   도면의 제명 끝에 '**(좌표)**'라고 표시하여야 한다.
② 경계점좌표등록부를 갖추어 두는 지역의 지적도에는
   도곽선의 오른쪽 아래 끝에 '**이 도면에 의하여 측량할 수 없음**'이라고 기록하여야 한다.
③ 경계점좌표등록부를 갖추어 두는 지역의 지적도에는
   '**좌표에 의하여 계산된 경계점 간의 거리**'를 등록하여야 한다.

06 경계점좌표등록부

☑ 공간정보의 구축 및 관리 등에 관한 법률 시행규칙 [별지 제65호 서식]

고유번호		경 계 점 좌 표 등 록 부		도면번호	20장 중 9호	
소재 및 지번		○시 ○구 ○동 365번지				
부 호 도	부 호	좌 표		부 호	좌 표	
		X	Y		X	Y
1 2 3 4	1	443116.67	218732.37			
	2	443090.31	218534.08			
	3	443225.03	218211.05			
	4	443083.49	218654.38			

🔔 등록사항 총정리

등록사항	대장			도면		경계점좌표 등록부
	토지대장 임야대장	공유지 연명부	대지권 등록부	지적도 임야도		
소재·지번	모두					
면적 토지이동사유 개별공시지가	■					
소유권의 지분		■	■			
대지권의 비율 건물 명칭			■			
소유자 표시	소대장					
색인도 도면의 제명 도곽선의 수치 경계 지적기준점 건축물 및 구조물				■		
지목	정식명칭			부호		
도면번호		공대 ×				
고유번호				도면 ×		
부호(도)·좌표						■

기출

21. 지적도 및 임야도의 등록사항만으로 나열된 것은? 〈제22회〉
① 토지의 소재, 지번, 건축물의 번호, 삼각점
② 지번, 경계, 건축물 및 구조물 등의 위치, 삼각점 및 지적기준점의 위치
③ 토지의 소재, 지번, 토지의 고유번호, 삼각점 및 지적기준점의 위치
④ 지목, 부호 및 부호도, 도곽선과 그 수치, 토지의 고유번호
⑤ 지목, 도곽선과 그 수치, 토지의 고유번호, 건축물 및 구조물 등의 위치

22. 지적공부와 등록사항을 연결한 것으로 틀린 것은? 〈제24회〉
① 지적도 – 토지의 소재
② 토지대장 – 토지의 이동사유
③ 공유지연명부 – 소유권지분
④ 대지권등록부 – 전유부분의 건물표시
⑤ 경계점좌표등록부 – 색인도

23. 공유지연명부와 대지권등록부의 공통된 등록사항을 모두 고른 것은? 〈제29회〉

㉠ 대지권 비율	㉡ 토지소유자가 변경된 날과 그 원인
㉢ 토지의 소재	㉣ 토지의 고유번호
㉤ 소유권지분	

① ㉠, ㉢, ㉣　　② ㉠, ㉢, ㉤　　③ ㉡, ㉢, ㉣
④ ㉠, ㉡, ㉣, ㉤　　⑤ ㉡, ㉢, ㉣, ㉤

24. 공간정보의 구축 및 관리 등에 관한 법령상 지적기준점성과와 지적기준점성과의 열람 및 등본 발급 신청기관의 연결이 옳은 것은? 〈제31회〉
① 지적삼각점성과 – 시·도지사 또는 지적소관청
② 지적삼각보조점성과 – 시·도지사 또는 지적소관청
③ 지적삼각보조점성과 – 지적소관청 또는 한국국토정보공사
④ 지적도근점성과 – 시·도지사 또는 한국국토정보공사
⑤ 지적도근점성과 – 지적소관청 또는 한국국토정보공사

해설

구 분	지적기준점성과의 열람·발급신청
지적삼각점	**시·도지사** 또는 **지적소관청**
지적삼각보조점	지적소관청
지적도근점	지적소관청

Answer 21. ② 22. ⑤ 23. ⑤ 24. ①

07 지적공부의 보존·반출·공개

보 존	① 지적소관청은 해당 청사에 지적서고를 설치하고 그 곳에 지적공부를 **영구보존**하여야 한다. ② 지적공부를 정보처리시스템을 통하여 기록·저장한 경우 시·도지사, 시장·군수 또는 구청장은 그 지적공부를 지적정보관리체계에 **영구보존**하여야 한다. ③ 카드로 된 토지대장·임야대장·공유지연명부·대지권등록부 및 경계점좌표등록부는 **100장 단위**로 바인더(binder)에 넣어 보관하여야 한다. 🔔 **지적서고의 설치기준** • 지적서고는 지적사무를 처리하는 사무실과 **연접**(連接)하여 설치하여야 한다. • 지적서고의 창문과 출입문은 2중으로 하되, **바깥쪽 문은 반드시 철제**로 하고 **안쪽 문**은 곤충·쥐 등의 침입을 막을 수 있도록 **철망** 등을 설치하여야 한다.
반 출	① **천재지변** 또는 이에 준하는 재난을 피하기 위하여 필요한 경우 ② 관할 시·도지사 또는 대도시 시장의 **승인**을 받은 경우
열람 발급	① 지적공부를 **열람**하거나 그 등본을 **발급**받으려는 자는 해당 **지적소관청**에 그 열람 또는 발급을 신청하여야 한다. ② 정보처리시스템을 통하여 기록·저장된 지적공부를 **열람**하거나 그 등본을 **발급**받으려는 경우에는 **특별자치시장, 시장·군수 또는 구청장**이나 **읍·면·동의 장**에게 신청할 수 있다.

> **보충·학습** 시·도지사 또는 대도시 시장의 승인을 얻어야 하는 경우
>
> ① **지번**을 **변경**하는 경우
> ② **지적공부**를 **반출**하는 경우
> ③ **축척**을 **변경**하는 경우

> **보충·학습** 지적서고의 설치기준
>
> ① 지적서고는 지적사무를 처리하는 사무실과 연접(連接)하여 설치하여야 한다.
> ② 지적서고의 구조는 다음의 기준에 따라야 한다.
> • 창문과 출입문은 2중으로 하되, 바깥쪽 문은 반드시 철제로 하고 안쪽 문은 곤충·쥐 등의 침입을 막을 수 있도록 철망 등을 설치할 것
> • 온도 및 습도 자동조절장치를 설치하고, 연중 평균온도는 섭씨 20 ± 5도를, 연중 평균습도는 65 ± 5퍼센트를 유지할 것
> ③ 지적공부 보관상자는 벽으로부터 15센티미터 이상 띄워야 하며, 높이 10센티미터 이상의 깔판 위에 올려놓아야 한다.

기출

25. 공간정보의 구축 및 관리 등에 관한 법령상 지적공부의 보존 및 보관방법 등에 관한 설명으로 틀린 것은? (단, 정보처리시스템을 통하여 기록·저장한 지적공부는 제외함) 　제31회

① 지적소관청은 해당 청사에 지적서고를 설치하고 그 곳에 지적공부를 영구히 보존하여야 한다.
② 국토교통부장관의 승인을 받은 경우 지적공부를 해당 청사 밖으로 반출할 수 있다.
③ 지적서고는 지적사무를 처리하는 사무실과 연접(連接)하여 설치하여야 한다.
④ 지적도면은 지번부여지역별로 도면번호순으로 보관하되, 각 장별로 보호대에 넣어야 한다.
⑤ 카드로 된 토지대장·임야대장·공유지연명부·대지권등록부 및 경계점좌표등록부는 100장 단위로 바인더(binder)에 넣어 보관하여야 한다.

해설 ② 시·도지사 또는 대도시 시장의 승인을 받은 경우 지적공부를 해당 청사 밖으로 반출할 수 있다.

26. 공간정보의 구축 및 관리 등에 관한 법령상 지적공부의 보존 등에 관한 설명으로 옳은 것을 모두 고른 것은? 　제32회

> ㉠ 지적서고는 지적사무를 처리하는 사무실과 연접(連接)하여 설치하여야 한다.
> ㉡ 지적소관청은 천재지변이나 그 밖에 이에 준하는 재난을 피하기 위하여 필요한 경우에는 지적공부를 해당 청사 밖으로 반출할 수 있다.
> ㉢ 지적공부를 정보처리시스템을 통하여 기록·저장한 경우 관할 시·도지사, 시장·군수 또는 구청장은 그 지적공부를 지적정보관리체계에 영구히 보존하여야 한다.
> ㉣ 카드로 된 토지대장·임야대장 등은 200장 단위로 바인더(binder)에 넣어 보관하여야 한다.

① ㉠, ㉢　　② ㉡, ㉣　　③ ㉢, ㉣
④ ㉠, ㉡, ㉢　　⑤ ㉠, ㉡, ㉣

해설 ㉣ 카드로 된 토지대장·임야대장 등은 100장 단위로 바인더(binder)에 넣어 보관하여야 한다.

Answer　25. ②　26. ④

08 지적공부의 복구

지적소관청은 지적공부의 전부 또는 일부가 멸실되거나 훼손된 경우에는 **지체 없이** 이를 복구하여야 한다(법 제74조).

1 토지의 표시사항 복구

토지의 표시에 관한 사항은 멸실·훼손 당시의 지적공부와 가장 부합된다고 인정되는 다음의 **관계 자료**에 따라 복구하여야 한다.

- 지적공부 등본
- 토지이동정리 결의서
- 멸실될 경우를 대비하여 복제한 지적공부
- 측량 결과도
- 등기사실을 증명하는 서류
- 법원의 확정판결서

🔔 **복구자료에 해당하지 않는 것**

① 지적측량수행**계획**서, 토지이용**계획**확인서, 지적측량 **의뢰**서, 지적측량 **준비**도
② 개별공시**지가**자료

용어 "토지의 표시"란 토지의 소재·지번·지목·면적·경계 또는 좌표를 말한다.

2 소유자에 관한 사항 복구

소유자에 관한 사항은 **부동산등기부**나 **법원의 확정판결**에 따라 복구하여야 한다.

> **보충·학습** 지적공부의 복구절차
>
> 1. **복구자료조사서 및 복구자료도**
>   지적소관청은 조사된 복구자료에 따라 지적복구자료 **조사서**를 작성하고, 지적도면의 등록 내용을 증명하는 서류 등에 따라 복구 **자료도**를 작성하여야 한다.
>
> 2. **복구측량**
>   지적복구자료**조사서**의 면적과 **복구자료도**에 따라 측정한 면적 증감이 **허용범위**를 **초과**하거나 복구자료가 없는 때에는 **복구측량**을 하여야 한다.
>
>   > ※ 허용범위 이내 ➡ 복구측량 ×
>
> 3. **복구할 토지의 표시 게시**
>   지적소관청은 지적공부를 복구하려는 경우에는 복구하려는 토지의 표시 등을 시·군·구 게시판 및 인터넷 홈페이지에 **15일 이상** 게시하여야 한다.
>
> 4. **이의신청**
>   복구하려는 토지의 표시에 이의가 있는 자는 게시기간 내에 지적소관청에 이의신청을 할 수 있다.

> 기출

27. 공간정보의 구축 및 관리 등에 관한 법령상 지적공부(정보처리시스템을 통하여 기록·저장한 경우는 제외)**의 복구에 관한 설명으로 틀린 것은?** 제28회

① 지적소관청은 지적공부의 전부 또는 일부가 멸실되거나 훼손된 경우에는 지체 없이 이를 복구하여야 한다.
② 지적공부를 복구할 때 소유자에 관한 사항은 부동산등기부나 법원의 확정판결에 따라 복구하여야 한다.
③ 토지이동정리 결의서는 지적공부의 복구에 관한 관계 자료에 해당한다.
④ 복구자료도에 따라 측정한 면적과 지적복구자료 조사서의 조사된 면적의 증감이 허용범위를 초과하는 경우에는 복구측량을 하여야 한다.
⑤ 지적소관청이 지적공부를 복구하려는 경우에는 해당 토지의 소유자에게 지적공부의 복구신청을 하도록 통지하여야 한다.

해설 ⑤ 지적소관청은 지적공부의 전부 또는 일부가 멸실되거나 훼손된 경우에는 지체 없이 이를 복구하여야 한다.

28. 공간정보의 구축 및 관리 등에 관한 법령상 지적공부의 복구 및 복구절차 등에 관한 설명으로 틀린 것은? 제31회

① 지적소관청(정보처리시스템을 통하여 기록·저장한 지적공부의 경우에는 시·도지사, 시장·군수 또는 구청장)은 지적공부의 전부 또는 일부가 멸실되거나 훼손된 경우에는 지체 없이 이를 복구하여야 한다.
② 지적공부를 복구할 때에는 멸실·훼손 당시의 지적공부와 가장 부합된다고 인정되는 관계 자료에 따라 토지의 표시에 관한 사항을 복구하여야 한다. 다만, 소유자에 관한 사항은 부동산등기부나 법원의 확정판결에 따라 복구하여야 한다.
③ 지적공부의 등본, 개별공시지가 자료, 지적측량의뢰서, 측량준비도, 법원의 확정판결서 정본 또는 사본은 지적공부의 복구자료이다.
④ 지적소관청은 조사된 복구자료 중 토지대장·임야대장 및 공유지연명부의 등록 내용을 증명하는 서류 등에 따라 지적복구자료 조사서를 작성하고, 지적도면의 등록 내용을 증명하는 서류 등에 따라 복구자료도를 작성하여야 한다.
⑤ 복구자료도에 따라 측정한 면적과 지적복구자료 조사서의 조사된 면적의 증감이 오차의 허용범위를 초과하거나 복구자료도를 작성할 복구자료가 없는 경우에는 복구측량을 하여야 한다.

해설 ③ 개별공시지가 자료, 지적측량의뢰서, 측량준비도는 복구자료에 해당하지 않는다.

Answer 27. ⑤ 28. ③

09 부동산종합공부

등록사항 및 관리운영		
	토지 표시 소유자	건축물 표시 소유자
	부동산의 **권리**	
	부동산의 **가격**	
	토지**이용** 및 **규제**	
	• 토지의 적성 ✕ • 부동산의 보상 ✕	

① **지적소관청**은 부동산의 효율적 이용과 부동산과 관련된 정보의 종합적 관리·운영을 위하여 부동산종합공부를 **관리·운영**한다.

② **지적소관청**은 부동산종합공부를 **영구 보존**하여야 하며, 멸실 또는 훼손에 대비하여 별도로 복제·관리하는 정보관리체계를 구축하여야 한다.

③ 부동산종합공부의 등록사항을 관리하는 기관의 장은 **지적소관청**에 상시적으로 관련 **정보**를 **제공**하여야 한다.

④ **지적소관청**은 부동산종합공부의 등록사항을 관리하는 기관의 장에게 관련 자료의 **제출**을 **요구**할 수 있다.

⑤ **지적소관청**은 '불일치 등록사항'에 대해서는 **등록사항을 관리하는 기관의 장**에게 그 내용을 **통지**하여 등록사항의 **정정**을 요청할 수 있다.

열람 발급	부동산종합공부를 **열람**하거나 증명서를 **발급**받으려는 자는 **지적소관청**이나 **읍·면·동의 장**에게 **신청**할 수 있다.
정정 신청	**토지소유자**는 부동산종합공부의 등록사항에 잘못이 있음을 발견하면 **지적소관청**에 그 **정정신청**을 할 수 있다.

> **보충 학습** 지적공부의 열람신청 및 발급신청
>
> 1. 지적공부
>   지적공부를 **열람** 또는 그 등본을 **발급**받으려는 경우에는 해당 **지적소관청**에 신청하여야 한다.
>
> 2. 정보처리시스템을 통하여 기록·저장된 지적공부
>   정보처리시스템을 통하여 기록·저장된 지적공부를 열람 또는 등본을 **발급**받으려는 경우에는 **특별자치시장, 시장·군수 또는 구청장**이나 **읍·면·동의 장**에게 신청할 수 있다.

고유번호			**부동산종합증명서**		건축물 명칭		장번호	
소재지								

토지 표시						건축물 표시			
구 분	법정동	지 번	지 목	면 적		* 건축면적		* 주용도	
						* 연면적		지 붕	
						* 건폐율(%)		높 이	
						* 용적율(%)		층 수	

토지, 건축물의 소유자 현황					
구 분	변동일자	변동원인	성 명	등록번호	주 소
토 지					
건축물					

부동산의 가격에 관한 사항			
개별공시지가(원/m²)		개별주택가격	

부동산의 권리에 관한 사항				
구 분	소유권	용익권	담보권	기타(가압류, 가처분 등)
토 지	×	○		×
건축물	×	○		×

토지이용 및 규제에 관한 사항	

이 부동산종합증명서는 부동산종합공부의 기록사항과 틀림없음을 증명합니다.

　　　　　　　　　　년　　　월　　　일

　　　특별자치시장
　　　시장·군수·구청장　　　　　　[직인]

> 기출

29. 공간정보의 구축 및 관리 등에 관한 법령상 부동산종합공부의 등록사항에 해당하지 않는 것은?
   제33회
   ① 토지의 이용 및 규제에 관한 사항: 「토지이용규제 기본법」 제10조에 따른 토지이용계획확인서의 내용
   ② 건축물의 표시와 소유자에 관한 사항(토지에 건축물이 있는 경우만 해당한다): 「건축법」 제38조에 따른 건축물대장의 내용
   ③ 토지의 표시와 소유자에 관한 사항: 「공간정보의 구축 및 관리 등에 관한 법률」에 따른 지적공부의 내용
   ④ 부동산의 가격에 관한 사항: 「부동산 가격공시에 관한 법률」 제10조에 따른 개별공시지가, 같은 법 제16조, 제17조 및 제18조에 따른 개별주택가격 및 공동주택가격 공시내용
   ⑤ 부동산의 효율적 이용과 토지의 적성에 관한 종합적 관리·운영을 위하여 필요한 사항: 「국토의 계획 및 이용에 관한 법률」 제20조 및 제27조에 따른 토지적성평가서의 내용

30. 부동산종합공부에 관한 설명으로 틀린 것은?
   제25회
   ① 지적소관청은 부동산의 효율적 이용과 부동산과 관련된 정보의 종합적 관리·운영을 위하여 부동산종합공부를 관리·운영한다.
   ② 지적소관청은 부동산종합공부를 영구히 보존하여야 하며, 멸실 또는 훼손에 대비하여 이를 별도로 복제하여 관리하는 정보관리체계를 구축하여야 한다.
   ③ 지적소관청은 부동산종합공부의 불일치 등록사항에 대하여는 등록사항을 정정하고, 등록사항을 관리하는 기관의 장에게 그 내용을 통지하여야 한다.
   ④ 지적소관청은 부동산종합공부의 정확한 등록 및 관리를 위하여 필요한 경우에는 부동산종합공부의 등록사항을 관리하는 기관의 장에게 관련 자료의 제출을 요구할 수 있다.
   ⑤ 부동산종합공부의 등록사항을 관리하는 기관의 장은 지적소관청에 상시적으로 관련 정보를 제공하여야 한다.

   해설 ③ 지적소관청은 '불일치 등록사항'에 대해서는 그 등록사항을 관리하는 기관의 장에게 그 내용을 **통지**하여 등록사항 **정정**을 요청할 수 있다(영 제62조의3 제2항).

31. 부동산종합공부에 관한 설명으로 틀린 것은? 제32회

① 지적소관청은 「건축법」 제38조에 따른 건축물대장의 내용에서 건축물의 표시와 소유자에 관한 사항(토지에 건축물이 있는 경우만 해당)을 부동산종합공부에 등록하여야 한다.

② 지적소관청은 「부동산등기법」 제48조에 따른 부동산의 권리에 관한 사항을 부동산종합공부에 등록하여야 한다.

③ 지적소관청은 부동산의 효율적 이용과 부동산과 관련된 정보의 종합적 관리·운영을 위하여 부동산종합공부를 관리·운영한다.

④ 지적소관청은 부동산종합공부를 영구히 보존하여야 하며, 부동산종합공부의 멸실 또는 훼손에 대비하여 이를 별도로 복제하여 관리하는 정보관리체계를 구축하여야 한다.

⑤ 부동산종합공부를 열람하려는 자는 지적소관청이나 읍·면·동의 장에게 신청할 수 있으며, 부동산종합공부 기록사항의 전부 또는 일부에 관한 증명서를 발급받으려는 자는 시·도지사에게 신청하여야 한다.

해설 ⑤ 부동산종합공부를 열람하거나 기록사항의 전부 또는 일부에 관한 증명서를 발급받으려는 자는 시·도지사가 아닌 **지적소관청**이나 **읍·면·동의 장**에게 신청하여야 한다.

Answer 29. ⑤ 30. ③ 31. ⑤

10 지적전산자료의 이용

1 연속지적도

연속지적도란 지적측량을 하지 아니하고 전산화된 지적도 및 임야도 파일을 이용하여, 도면상 경계점들을 연결하여 작성한 도면으로서 **측량에 활용할 수 없는 도면**을 말한다.

> **보충학습 연속지적도**(법 제90조의2)
> ① **국토교통부장관**은 연속지적도의 관리 및 정비에 관한 **정책**을 **수립·시행**하여야 한다.
> ② **국토교통부장관**은 연속지적도를 체계적으로 관리하기 위하여 연속지적도 정보관리체계를 **구축·운영**할 수 있다.
> ③ **국토교통부장관** 또는 **지적소관청**은 연속지적도의 관리·정비 및 연속지적도 정보관리체계의 구축·운영에 관한 **업무**를 법인, 단체 등에 **위탁**할 수 있다.
> ④ **지적소관청**은 지적도·임야도에 등록된 사항에 대하여 토지의 이동 또는 **오류사항**을 정비한 때에는 이를 **연속지적도**에 **반영**하여야 한다.

2 절 차

지적공부에 관한 전산자료(지적전산자료)를 이용하거나 활용하려는 자는 미리 **관계 중앙행정기관**의 **심사**를 거쳐 다음의 구분에 따라 **신청**하여야 한다(법 제76조 제1항).

① 전국 단위의 지적전산자료	국토교통부장관, 시·도지사 또는 지적소관청
① 시·도 단위의 지적전산자료	시·도지사 또는 지적소관청
③ 시·군·구 단위의 지적전산자료	지적소관청

3 심사의 면제

다만, 다음의 어느 하나에 해당하는 경우에는 **관계 중앙행정기관의 심사를 받지 아니할 수 있다**(법 제76조 제2항 및 제3항).

> ① **중앙행정기관장, 그 소속 기관장** 또는 **지방자치단체장**이 신청하는 경우
> ② **토지소유자** 또는 그 **상속인**이 자기 토지에 대한 지적전산자료를 신청하는 경우
> ③ 개인정보를 제외한 지적전산자료를 신청하는 경우

Chapter 04 토지의 이동

(1) 토지의 이동이란 토지의 표시를 새로 정하거나 변경 또는 말소하는 것을 말한다.

(2) 그러나 토지소유권의 변동이나 토지소유자의 주소변경, 토지등급·기준수확량등급의 변경, 개별공시지가의 변경 등은 토지이동에 해당하지 않는다.

토지 이동의 종류	① 신규등록 ② 등록전환 ③ 분할 ④ 바다로 된 토지의 등록말소 ⑤ 축척변경 ⑥ 등록사항의 정정	지적측량 ○
	⑦ 합병 ⑧ 지목변경	지적측량 ×

토지이동 신청서

신청구분	[ ]신규등록 [ ]토지(임야)분할 [ ]토지(임야)지목변경 [ ]등록전환 [ ]토지(임야)합병 [ ]토지(임야)등록사항정정 [ ]기타
신청인	성명 (주민)등록번호 주소 전화번호

신 청 내 용

토지소재		이동전			이동후			토지이동사유
시·군·구	동·리	지번	지목	면적	지번	지목	면적	

○년 ○월 ○ 일   신청인   (서명 또는 인)

시장·군수·구청장 귀하

01 신규등록

1 의 의

신규등록이란 지적공부에 등록되지 않은 토지를 새로이 지적공부에 등록하는 것을 말한다.

대상 토지	지적공부에 등록되어 있지 아니한 토지
신청 의무	신규등록할 토지가 생긴 경우에는 토지소유자는 그 사유가 발생한 날로부터 **60일** 이내에 지적소관청에 신규등록을 신청하여야 한다.

2 첨부서면

첨부 서류	신규등록을 신청할 때에는 다음의 서류를 첨부하여야 한다(영 제63조). ① 법원의 **확정판결서** ② 「공유수면 관리 및 매립에 관한 법률」에 따른 **준공검사확인증** ③ 도시계획구역 안의 토지를 지방자치단체의 명의로 등록하는 때에는 **재정경제부 장관과 협의한 문서**의 사본 ④ 그 밖에 관계법령에 따라 소유권이 증명되는 서류의 사본 ※ 등기사항증명서·등기필정보·등기완료통지서 (×)
제출 면제	소유권을 증명할 수 있는 서류를 해당 **지적소관청**이 관리하는 경우에는 **지적소관청**의 확인으로 그 서류의 제출을 **갈음**할 수 있다(규칙 제81조).

3 등기촉탁

① 등기의 촉탁이란 토지의 소재·지번·지목·면적 등 토지의 표시사항을 변경·정리한 경우에 토지소유자를 대신하여 지적소관청이 등기소에 등기신청하는 것을 말한다.
② 지적소관청은 지적공부 정리로 인하여 토지표시변경등기를 하여야 할 필요가 있는 때에는 지체 없이 관할 등기관서에 그 등기를 촉탁하여야 한다.
③ 토지를 **신규등록**한 경우 지적소관청은 관할 등기관서에 **등기촉탁**을 할 필요가 없다.

보충·학습 등기촉탁과 등기완료통지

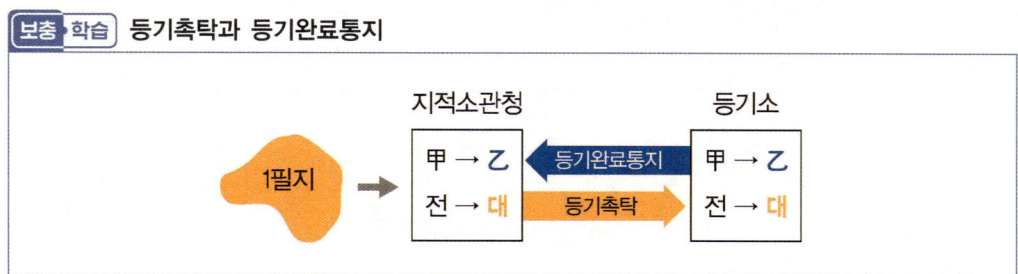

기출

32. 토지소유자가 신규등록을 신청할 때에는 신규등록 사유를 적은 신청서에 해당 서류를 첨부하여야 한다. 이 경우 첨부해야 할 서류가 아닌 것은? 제23회
① 법원의 확정판결서 정본 또는 사본
② 「공유수면 관리 및 매립에 관한 법률」에 따른 준공검사확인증 사본
③ 도시계획구역의 토지를 그 지방자치단체의 명의로 등록하는 때에는 재정경제부장관과 협의한 문서의 사본
④ 지형도면에 고시된 도시관리계획도 사본
⑤ 소유권을 증명할 수 있는 서류의 사본

33. 공간정보의 구축 및 관리 등에 관한 법령상 지적소관청은 토지의 이동 등으로 토지의 표시 변경에 관한 등기를 할 필요가 있는 경우에는 지체 없이 관할 등기관서에 그 등기를 촉탁하여야 한다. 등기촉탁 대상이 아닌 것은? 제28회
① 지번부여지역의 전부 또는 일부에 대하여 지번을 새로 부여한 경우
② 바다로 된 토지의 등록을 말소한 경우
③ 하나의 지번부여지역에 서로 다른 축척의 지적도가 있어 축척을 변경한 경우
④ 지적소관청이 신규등록하는 토지의 소유자를 직접 조사하여 등록한 경우
⑤ 지적소관청이 직권으로 조사·측량하여 지적공부의 등록사항을 정정한 경우

34. 신규등록에 관한 설명 중 틀린 것은? 제18회
① '신규등록'이라 함은 새로이 조성된 토지 및 등록이 누락되어 있는 토지를 지적공부에 등록하는 것을 말한다.
② 신규등록할 토지가 있는 때에는 60일 이내에 지적소관청에 신청하여야 한다.
③ 토지소유자의 신청에 의하여 신규등록을 한 경우 지적소관청은 토지표시에 관한 사항을 지체 없이 등기관서에 그 등기를 촉탁하여야 한다.
④ 「공유수면 관리 및 매립에 관한 법률」에 따른 신규등록을 신청하는 때에는 신규등록 사유를 기재한 신청서에 「공유수면 관리 및 매립에 관한 법률」에 따른 준공검사확인증 사본을 첨부하여 지적소관청에 제출하여야 한다.
⑤ 신규등록 신청시 첨부해야 하는 서류를 그 지적소관청이 관리하는 경우에는 지적소관청의 확인으로써 그 서류의 제출에 갈음할 수 있다.

해설 ③ 토지소유자의 신청에 따라 신규등록을 한 경우는 등기촉탁사유에 해당하지 않는다.

Answer 32. ④ 33. ④ 34. ③

02 등록전환

1 의 의

(1) 등록전환이란 임야대장 및 임야도에 등록되어 있는 토지를 토지대장 및 지적도에 옮겨 등록하는 것을 말한다.

(2) 토지대장 및 지적도에 등록된 토지를 임야대장 및 임야도에 옮겨 등록하는 것은 허용되지 않는다.

대상 토지	① 「산지관리법」에 따른 **산지**전용허가·신고, 산지일시사용허가·신고, 「건축법」에 따른 **건축**허가·신고 또는 관계 법령에 따른 **개발**행위 허가 등을 받은 경우 ② 대부분의 토지가 등록전환되어 **나머지 토지**를 임야도에 계속 존치하는 것이 불합리한 경우 ③ 임야도에 등록된 토지가 **사실상 형질변경**되었으나 지목변경을 할 수 없는 경우 ④ **도시·군관리계획선**에 따라 토지를 분할하는 경우
신청 의무	토지소유자는 등록전환의 사유가 발생한 날로부터 **60일** 이내에 등록전환을 신청하여야 한다.

2 절 차

(1) 등록전환 대상토지는 이미 등록되어 있는 인접토지와 동일한 축척으로 등록한다.

(2) 경계점좌표등록부를 비치하는 지역과 인접되어 있는 토지를 등록전환하는 경우에는 경계점좌표등록부에 등록하여야 한다.

3 면적의 결정

허용범위 이내	임야대장의 면적과 등록전환될 면적의 차이가 **허용범위 이내**인 경우에는 ① **등록전환될 면적**을 등록전환면적으로 **결정**한다. ② 임야대장의 면적 또는 임야도의 경계는 **정정할 필요가 없다**.
허용범위 초과	임야대장의 면적과 등록전환될 면적의 차이가 **허용범위를 초과**하는 경우에는 ① **등록전환될 면적**을 등록전환면적으로 **결정**한다. ② 임야대장의 면적 또는 임야도의 경계를 지적소관청이 **직권 정정하여야 한다**.

> 기출

35. 등록전환에 관한 설명으로 틀린 것은? 제22회

① 토지소유자는 등록전환할 토지가 있으면 그 사유가 발생한 날부터 60일 이내에 지적소관청에 등록전환을 신청하여야 한다.
② 「산지관리법」에 따른 산지전용허가·신고, 산지일시사용허가·신고, 「건축법」에 따른 건축허가·신고 또는 그 밖의 관계 법령에 따른 개발행위 허가 등을 받은 경우에는 등록전환을 신청할 수 있다.
③ 임야도에 등록된 토지가 사실상 형질변경되었으나, 지목변경을 할 수 없는 경우에는 등록전환을 신청할 수 있다.
④ 등록전환에 따른 면적을 정할 때 임야대장의 면적과 등록전환될 면적의 차이가 오차의 허용범위 이내인 경우, 임야대장의 면적을 등록전환면적으로 결정한다.
⑤ 지적소관청은 등록전환에 따라 지적공부를 정리한 경우, 지체 없이 관할 등기관서에 토지의 표시변경에 관한 등기를 촉탁하여야 한다.

해설 ④ 등록전환에 따른 면적을 정할 때 임야대장의 면적과 등록전환될 면적의 차이가 오차의 **허용범위 이내인 경우, 등록전환될 면적을** 등록전환 면적으로 결정한다.

36. 공간정보의 구축 및 관리 등에 관한 법령상 등록전환을 할 때 임야대장의 면적과 등록전환될 면적의 차이가 오차의 허용범위를 초과하는 경우 처리방법으로 옳은 것은? 제31회

① 지적소관청이 임야대장의 면적 또는 임야도의 경계를 직권으로 정정하여야 한다.
② 지적소관청이 시·도지사의 승인을 받아 허용범위를 초과하는 면적을 등록전환 면적으로 결정하여야 한다.
③ 지적측량수행자가 지적소관청의 승인을 받아 허용범위를 초과하는 면적을 등록전환 면적으로 결정하여야 한다.
④ 지적측량수행자가 토지소유자와 합의한 면적을 등록전환 면적으로 결정하여야 한다.
⑤ 지적측량수행자가 임야대장의 면적 또는 임야도의 경계를 직권으로 정정하여야 한다.

해설 ① 임야대장의 면적과 등록전환될 면적 차이가 법령에 규정된 **허용범위를 초과하는 경우** 임야대장의 면적 또는 임야도의 경계는 지적소관청의 **직권**에 의하여 **정정**하여야 한다.

Answer 35. ④ 36. ①

03 분할

분할이라 함은 지적공부에 등록된 1필지의 토지를 2필지 이상으로 나누어 등록하는 것을 말한다.

대상 토지	① 1필지의 **일부**가 **형질변경** 등으로 용도가 다르게 된 경우에는 그 사유가 발생한 날로부터 **60일** 이내에 토지의 분할을 신청하여야 한다.
	② **소유권이전·매매** 등을 위하여 필요한 경우에는 분할을 신청할 수 있다.
	③ 토지이용상 **불합리한 지상 경계**를 시정하기 위한 경우에는 분할을 신청할 수 있다.

기출

37. 토지의 분할에 관한 설명으로 틀린 것은? 　　　　　　　　　　　　　　제20회

① 토지이용상 불합리한 지상 경계를 시정하기 위한 경우에는 분할을 신청할 수 있다.
② 지적공부에 등록된 1필지의 일부가 관계 법령에 따른 형질변경 등으로 용도가 다르게 된 때에는 지적소관청에 토지의 분할을 신청하여야 한다.
③ 토지를 분할하는 경우 주거·사무실 등의 건축물이 있는 필지에 대하여는 분할 전의 지번을 우선하여 부여하여야 한다.
④ 공공사업으로 도로를 개설하기 위하여 토지를 분할하는 경우에는 지상건축물이 걸리게 지상 경계를 결정하여서는 아니 된다.
⑤ 토지의 매매를 위하여 필요한 경우에는 분할을 신청할 수 있다.

> **해설** ④ 분할에 따른 지상 경계는 지상건축물을 걸리게 결정해서는 아니 된다. 다만, 다음에 해당하는 경우에는 그러하지 아니하다.
> ① 법원의 **확정판결**에 따라 토지를 분할하는 경우
> ② **공공사업** 등에 따라 학교용지·도로·철도용지 등의 지목으로 되는 토지를 분할하는 경우
> ③ **도시개발사업** 사업시행자가 사업지구의 경계를 결정하기 위하여 토지를 분할하는 경우
> ④ 「국토의 계획 및 이용에 관한 법률」 규정에 따른 도시·군관리계획 결정고시와 지형도면 고시가 된 지역의 **도시·군관리계획선**에 따라 토지를 분할하는 경우

Answer　37. ④

04 합병

1 의의

합병이란 2필지 이상의 토지를 하나의 필지로 합하여 등록하는 것을 말한다.

대상 토지	① 「주택법」에 따른 **공동주택의 부지** ② **도로, 제방, 하천, 구거, 유지, 공장용지, 학교용지, 철도용지, 수도용지, 공원, 체육용지** 등의 토지로서 합병하여야 할 토지
신청 의무	토지소유자는 그 합병사유가 발생한 날로부터 **60일** 이내에 지적소관청에 합병을 신청하여야 한다.

2 경계(좌표) 및 면적의 결정

경계 좌표	합병 전 각 필지의 경계 또는 좌표 중 합병으로 필요 없게 된 부분을 **말소**하여 결정한다.
면적	합병 전 각 필지의 면적을 **합산**하여 결정한다.

기출

38. 공간정보의 구축 및 관리 등에 관한 법령상 토지의 합병 및 지적공부의 정리 등에 관한 설명으로 틀린 것은? 제30회

① 합병에 따른 면적은 따로 지적측량을 하지 않고 합병 전 각 필지의 면적을 합산하여 합병 후 필지의 면적으로 결정한다.
② 토지소유자가 합병 전의 필지에 주거·사무실 등의 건축물이 있어서 그 건축물이 위치한 지번을 합병 후의 지번으로 신청할 때에는 그 지번을 합병 후의 지번으로 부여하여야 한다.
③ 합병에 따른 경계는 따로 지적측량을 하지 않고 합병 전 각 필지의 경계 중 합병으로 필요 없게 된 부분을 말소하여 합병 후 필지의 경계로 결정한다.
④ 지적소관청은 토지소유자의 합병신청에 의하여 토지의 이동이 있는 경우에는 지적공부를 정리하여야 하며, 이 경우에는 토지이동정리 결의서를 작성하여야 한다.
⑤ 토지소유자는 도로, 제방, 하천, 구거, 유지의 토지로서 합병하여야 할 토지가 있으면 그 사유가 발생한 날부터 90일 이내에 지적소관청에 합병을 신청하여야 한다.

해설 ⑤ 토지소유자는 도로, 제방, 하천, 구거, 유지의 토지로서 합병하여야 할 토지가 있으면 그 사유가 발생한 날부터 60일 이내에 지적소관청에 합병을 신청하여야 한다.

③ 제한요건(제80조 제3항)

합병하려는 토지 간에 다음과 같은 제한요건 중 어느 하나에 해당하지 않아야 한다.

① 합병하려는 토지의 **지번부여지역**이 서로 다른 경우
② 합병하려는 토지의 **지목**이 서로 다른 경우
③ 합병하려는 토지의 **소유자**가 서로 다른 경우
④ 합병하려는 토지의 지적도 및 임야도의 **축척**이 서로 다른 경우
⑤ 합병하려는 각 필지가 서로 **연접**하지 않은 경우
⑥ 합병하려는 토지가 **등기된 토지**와 **미등기 토지**인 경우
⑦ 합병하려는 토지에 다음의 **합병이 가능한 등기 외의 등기**가 있는 경우

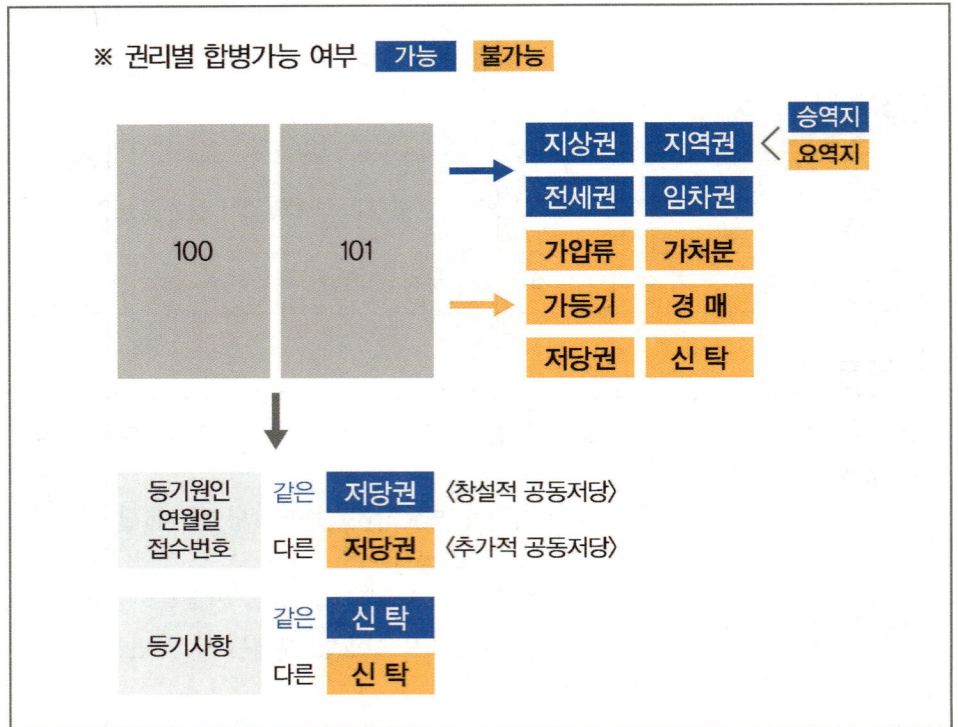

⑧ 합병하려는 토지의 **소유자별 공유지분**이 서로 다른 경우
⑨ 합병하려는 토지 소유자의 **주소**가 서로 다른 경우

> 다만, 지적소관청이 등기사항증명서, 주민등록표 초본 등을 확인한 결과 토지 소유자가 동일인임을 확인할 수 있는 경우에는 제외한다.

⑩ 합병하려는 토지가 **구획정리, 경지정리 또는 축척변경**을 시행하고 있는 지역의 토지와 그 지역 밖의 토지인 경우
⑪ 합병하려는 필지의 지목은 같으나 일부 토지의 용도가 다르게 되어 **분할대상 토지**인 경우

> 다만, 합병신청과 동시에 분할신청을 하는 경우에는 합병신청을 할 수 있다.

기출

39. 공간정보의 구축 및 관리 등에 관한 법령상 합병 신청을 할 수 없는 경우에 관한 내용으로 틀린 것은? (단, 다른 조건은 고려하지 아니함) 제35회

① 합병하려는 토지의 지목이 서로 다른 경우
② 합병하려는 토지의 소유자별 공유지분이 다른 경우
③ 합병하려는 토지의 지번부여지역이 서로 다른 경우
④ 합병하려는 토지의 소유자에 대한 소유권이전등기 연월일이 서로 다른 경우
⑤ 합병하려는 토지의 지적도 축척이 서로 다른 경우

해설 ④ 합병하려는 토지의 소유자가 다른 경우에는 합병할 수 없지만, 토지의 소유자에 대한 소유권이전등기 연월일이 서로 다른 경우에는 합병할 수 있다.

40. 甲이 자신의 소유인 A 토지와 B 토지를 합병하여 합필등기를 신청하고자 한다. 합필등기를 신청할 수 없는 사유에 해당하는 것은? (단, 이해관계인의 승낙은 없는 것으로 본다) 제22회

① A 토지에 乙의 가압류등기, B 토지에 丙의 가압류등기가 있는 경우
② A, B 토지 모두에 등기원인 및 그 연월일과 접수번호가 동일한 乙의 전세권등기가 있는 경우
③ A, B 토지 모두에 등기원인 및 그 연월일과 접수번호가 동일한 乙의 저당권등기가 있는 경우
④ A 토지에 乙의 지상권등기, B 토지에 丙의 지상권등기가 있는 경우
⑤ A 토지에 乙의 전세권등기, B 토지에 丙의 전세권등기가 있는 경우

해설 ① 가등기·가압류·가처분·경매개시결정에 관한 등기가 있는 경우에는 토지의 합병이 제한된다.

Answer 39. ④ 40. ①

05 지목변경

1 의 의

지목변경은 지적공부에 등록된 지목을 다른 지목으로 바꾸어 등록하는 것을 말한다.

대상 토지	① 「국토의 계획 및 이용에 관한 법률」 등 관계 법령에 따른 토지의 **형질변경** 등의 공사가 준공된 토지 ② 토지 또는 건축물의 **용도**가 **변경**된 토지 ③ 도시개발사업 등의 원활한 사업추진을 위하여 사업시행자가 **공사 준공 전**에 토지합병을 신청한 토지
신청 의무	토지소유자는 지목변경할 토지가 있는 때에는 그 사유가 발생된 날부터 **60일** 이내에 지적소관청에 신청하여야 한다.

2 절 차

지목변경 신청에 따른 첨부서류를 해당 **지적소관청**이 관리하는 경우에는 **지적소관청**의 확인으로 그 서류의 제출에 갈음할 수 있다.

41. 지목변경 신청에 관한 설명으로 틀린 것은? 　　　　제22회
① 토지소유자는 지목변경을 할 토지가 있으면 그 사유가 발생한 날부터 60일 이내에 지적소관청에 지목변경을 신청하여야 한다.
② 「국토의 계획 및 이용에 관한 법률」 등 관계 법령에 따른 토지의 형질변경 등의 공사가 준공된 경우에는 지목변경을 신청할 수 있다.
③ 전・답・과수원 상호간의 지목변경을 신청하는 경우에는 토지의 용도가 변경되었음을 증명하는 서류의 사본 첨부를 생략할 수 있다.
④ 지목변경 신청에 따른 첨부서류를 해당 지적소관청이 관리하는 경우에는 시・도지사의 확인으로 그 서류의 제출에 갈음할 수 있다.
⑤ 「도시개발법」에 따른 도시개발사업의 원활한 추진을 위하여 사업시행자가 공사 준공 전에 토지의 합병을 신청하는 경우에는 지목변경을 신청할 수 있다.

해설　④ 지목변경 신청에 따른 첨부서류를 해당 지적소관청이 관리하는 경우에는 **지적소관청**의 확인으로 그 서류의 제출에 갈음할 수 있다.

Answer　41. ④

06 바다로 된 토지의 등록말소

1 의 의

지적소관청은 지적공부에 등록된 토지가 지형의 변화 등으로 바다로 된 경우로서 원상(原狀)으로 회복될 수 없거나 다른 지목의 토지로 될 가능성이 없는 경우에는 지적공부에 등록된 **토지소유자**에게 지적공부의 등록말소 신청을 하도록 **통지**하여야 한다.

2 직권말소

토지 소유자는 지적소관청으로부터 등록말소 신청을 하도록 통지받은 날부터 **90일 이내**에 **신청**하여야 하나, 등록말소 신청을 하지 아니하는 때에는 지적소관청이 **직권**으로 그 지적공부의 등록사항을 말소하여야 한다.

3 회복등록

지적소관청은 이미 바다로 되어 등록말소된 토지가 지형의 변화 등으로 다시 토지가 된 경우에는 지적측량성과 및 등록말소 당시의 관계자료에 따라 **회복등록을 할 수 있다**.

4 통 지

지적소관청은 지적공부의 등록사항을 말소 또는 회복등록한 때에는 그 정리결과를 **토지소유자** 및 해당 **공유수면 관리청**에 **통지**하여야 한다.

기출

42. 토지의 이동신청에 관한 설명으로 틀린 것은? 　　　제21회
   ① 공유수면매립 준공에 의하여 신규등록할 토지가 있는 경우 토지소유자는 그 사유가 발생한 날부터 60일 이내에 관청에 신규등록을 신청하여야 한다.
   ② 임야도에 등록된 토지를 도시·군관리계획선에 따라 분할하는 경우 토지소유자는 등록전환을 신청할 수 있다.
   ③ 토지소유자는 「주택법」에 따른 공동주택의 부지로서 합병할 토지가 있으면 그 사유가 발생한 날부터 60일 이내에 지적소관청에 합병을 신청하여야 한다.
   ④ 토지소유자는 토지나 건축물의 용도가 변경되어 지목변경을 하여야 할 토지가 있으면 그 사유가 발생한 날부터 60일 이내에 지적소관청에 지목변경을 신청하여야 한다.
   ⑤ 바다로 되어 말소된 토지가 지형의 변화 등으로 다시 토지가 된 경우 토지소유자는 그 사유가 발생한 날부터 90일 이내에 토지의 회복등록을 지적소관청에 신청하여야 한다.

Answer 42. ⑤

🔔 토지이동의 종류별 대상토지 총정리

대상 토지	신청의무	종류
• 새로 조성된 토지, 지적공부에 등록되어 있지 아니한 토지	60일	신규등록
• 「산지관리법」에 따른 **산지**전용허가·신고, 산지일시사용허가·신고, 「건축법」에 따른 **건축**허가·신고 또는 그 밖의 관계 법령에 따른 **개발**행위 허가 등을 받은 경우 • 대부분의 토지가 등록전환되어 **나머지 토지**를 임야도에 계속 존치하는 것이 불합리한 경우 • 임야도에 등록된 토지가 **사실상 형질변경** 되었으나 지목변경을 할 수 없는 경우 • 도시·**군관리계획선**에 따라 토지를 분할하는 경우	60일	등록전환
• 1필지의 **일부**가 **형질변경** 등으로 용도가 다르게 된 경우	60일	분할
• **소유권이전**·**매매** 등을 위하여 필요한 경우 • 토지이용상 **불합리한 지상 경계를 시정**하기 위한 경우	없음	
• 「주택법」에 따른 **공동주택부지**의 경우 • **도로, 제방, 하천, 구거, 유지, 공장용지, 학교용지, 철도용지, 수도용지, 공원, 체육용지** 등의 토지로서 합병하여야 하는 경우	60일	합병
• 「국토의 계획 및 이용에 관한 법률」 등 관계 법령에 따른 토지의 **형질변경** 등의 공사가 준공된 경우 • 토지 또는 건축물의 **용도**가 **변경**된 경우 • 도시**개발**사업 등의 원활한 사업추진을 위하여 사업시행자가 **공사 준공 전**에 토지합병을 신청한 경우	60일	지목변경
• 지적공부에 등록된 토지가 지형의 변화 등으로 바다로 된 경우로서 원상(原狀)으로 회복될 수 없거나 다른 지목의 토지로 될 가능성이 없는 경우	90일	등록말소

07 등록사항의 정정

1 지적소관청의 직권정정(시행령 제82조)

지적소관청은 지적공부의 등록사항에 잘못이 있음을 발견하면 **직권**으로 조사·측량하여 **정정**할 수 있다.

직권정정 사유	
	① **지적측량성과**와 다르게 정리된 경우 ② **토지이동정리 결의서**의 내용과 다르게 정리된 경우
	③ 지적공부의 **작성 또는 재작성** 당시 잘못 정리된 경우 ④ 지적공부의 **등록사항**이 잘못 입력된 경우 ⑤ **면적 환산**이 잘못된 경우 ⑥ 도면에 등록된 필지가 **면적의 증감 없이** 경계의 위치만 잘못된 경우
	⑦ 임야대장의 면적과 등록전환될 면적의 차이가 **허용범위를 초과**하는 경우 ⑧ **지적위원회의 의결서 내용**에 따라 등록사항을 정정하여야 하는 경우
	⑨ **토지합필등기신청의 각하**에 따른 등기관의 통지가 있는 경우(지적소관청의 착오로 잘못 합병한 경우에만 해당함)

2 토지소유자의 신청정정(법 제84조)

토지소유자는 지적공부의 등록사항에 잘못이 있음을 발견하면 지적소관청에 그 **정정**을 **신청**할 수 있다.

토지 표시 (경계·면적)	① 토지소유자가 지적공부의 등록사항 정정을 신청할 때, 경계 또는 면적의 변경을 가져오는 경우에는 정정 신청서에 **등록사항 정정 측량성과도**를 함께 지적소관청에 제출하여야 한다. ② 토지소유자가 등록사항의 정정을 신청함에 있어 그 정정으로 인접 토지의 경계가 변경되는 경우에는 **인접 토지소유자의 승낙서** 또는 이에 대항할 수 있는 **확정판결서**를 지적소관청에 제출하여야 한다.
소유자 표시 (성명·주소)	① **등기된** 토지의 정정사항이 토지소유자에 관한 사항인 경우에는 **등기필증, 등기완료 통지서, 등기사항증명서** 등에 따라 정정하여야 한다. ② **미등기** 토지에 대하여 토지소유자의 성명, 주소 등에 관한 사항의 정정을 신청한 경우에는 **가족관계 기록사항에 관한 증명서**에 따라 정정하여야 한다.

> **보충학습** 등록사항 정정 대상토지의 관리(규칙 제94조)
>
> ① 지적소관청은 토지의 표시가 잘못되었음을 발견하였을 때에는 **지체 없이** 등록사항정정 측량성과도를 작성하고, 토지이동정리 결의서를 작성한 후 대장의 사유란에 "**등록사항 정정대상토지**"라고 적고, **토지소유자**에게 그 사유를 **통지**하여야 한다.
> ② 등록사항 정정 대상토지에 대한 대장을 열람하게 하거나 등본을 발급하는 때에는 "**등록사항 정정 대상토지**"라고 적은 부분을 **흑백의 반전**으로 표시하거나 **붉은색**으로 적어야 한다.

기출

43. 지적소관청이 지적공부의 등록사항에 잘못이 있는지를 직권으로 조사·측량하여 정정할 수 있는 경우를 모두 고른 것은? 　제30회

> ㉠ 지적공부의 작성 또는 재작성 당시 잘못 정리된 경우
> ㉡ 지적도에 등록된 필지의 경계가 지상 경계와 일치하지 않아 면적의 증감이 있는 경우
> ㉢ 측량 준비 파일과 다르게 정리된 경우
> ㉣ 지적공부의 등록사항이 잘못 입력된 경우

① ㉢　　　　　　② ㉣　　　　　　③ ㉠, ㉣
④ ㉡, ㉢　　　　⑤ ㉠, ㉢, ㉣

44. 지적공부의 등록사항정정에 관한 설명으로 틀린 것은?　제20회

① 지적도 및 임야도에 등록된 필지가 면적의 증감 없이 경계의 위치만 잘못 등록된 경우 지적소관청이 직권으로 조사·측량하여 정정할 수 있다.
② 토지소유자가 경계 또는 면적의 변경을 가져오는 등록사항에 대한 정정신청을 하는 때에는 정정사유를 기록한 신청서에 등록사항정정 측량성과도를 첨부하여 지적소관청에 제출하여야 한다.
③ 등록사항정정 대상토지에 대한 대장을 열람하게 하거나 등본을 발급하는 때에는 '등록사항정정 대상토지'라고 기록한 부분을 흑백의 반전으로 표시하거나 붉은색으로 기록하여야 한다.
④ 등기된 토지의 지적공부 등록사항정정 내용이 토지의 표시에 관한 사항인 경우 등기필증, 등기사항증명서 또는 등기관서에서 제공한 등기전산정보자료에 의하여 정정하여야 한다.
⑤ 등록사항정정 신청사항이 미등기 토지의 소유자 성명에 관한 사항으로서 명백히 잘못 기록된 경우에는 가족관계 기록사항에 관한 증명서에 따라 정정할 수 있다.

> **해설** ④ 등기된 토지의 지적공부 등록사항정정 내용이 소유자의 표시에 관한 사항인 경우 등기필증, 등기사항증명서 또는 등기관서에서 제공한 등기전산정보자료에 의하여 정정하여야 한다.

Answer 43. ③　44. ④

08 축척변경

1 의 의

지적소관청은 ① 잦은 토지 이동으로 1필지의 규모가 작아서 소축척으로는 지적측량성과의 결정이 곤란하거나, ② 하나의 지번부여지역 안에 서로 다른 축척의 지적도가 있는 때에는 **토지소유자의 신청** 또는 **지적소관청의 직권**으로 축척을 변경할 수 있다.

보충학습 축척변경 절차도

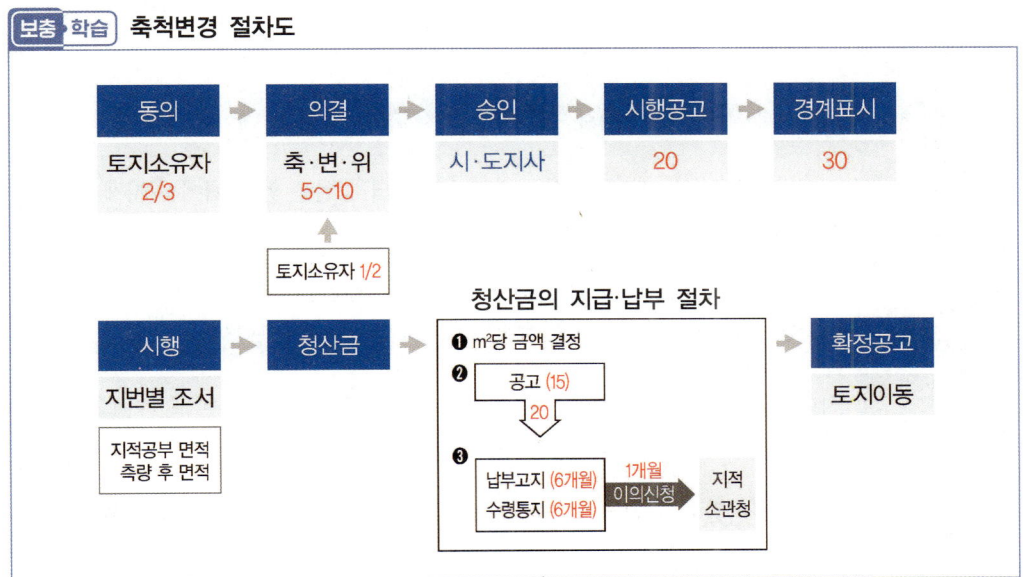

2 축척변경위원회

구 성	① **위원**은 해당 축척변경 시행지역의 토지소유자로서 지역 사정에 정통한 사람과 지적에 관하여 전문지식을 가진 사람 중에서 **지적소관청**이 위촉하고, **위원장**은 위원 중에서 **지적소관청**이 지명한다. ② **5명 이상 10명 이내**의 위원으로 구성하되, 위원의 **2분의 1 이상**을 토지소유자로 하여야 한다. 이 경우 그 축척변경 시행지역의 **토지소유자**가 **5명 이하**일 때에는 **토지소유자 전원**을 위원으로 위촉하여야 한다.
회 의	① 소집 ▶ 회의 **5일 전**까지 위원에게 서면통지 ② 개의 ▶ 재적위원 **과반수 출석** ③ 의결 ▶ 출석위원 **과반수 찬성**
심의 의결 사항	① 지번별 제곱미터당 **금액**의 결정 ② **청산금**의 산정에 관한 사항 ③ **청산금**의 이의신청에 관한 사항 ④ 축척변경 시행계획에 관한 사항 ⑤ 그 밖에 축척변경과 관련하여 지적소관청이 회의에 부치는 사항

3 절차

동 의	지적소관청은 **토지소유자 2/3 이상**의 동의를 얻어야 한다.
의 결	① 지적소관청은 축척변경위원회의 의결을 거쳐야 한다. ② 축척변경위원회의 위원은 **5명** 이상 **10명** 이내의 위원으로 구성하되, 위원의 **1/2 이상**을 토지소유자로 하여야 한다. 이 경우 그 축척변경 시행지역의 토지소유자가 **5명** 이하일 때에는 **토지소유자 전원**을 위원으로 위촉하여야 한다.
승 인	지적소관청은 **시·도지사 또는 대도시 시장의 승인**을 받아야 한다.
시행 공고	지적소관청은 시·도지사 또는 대도시 시장의 승인을 얻은 때에는 지체 없이 **20일** 이상 공고하여야 한다.
경계 표시	토지소유자 또는 점유자는 **시행공고가 있는 날**부터 **30일** 이내에 현재의 유상태를 표시하는 경계점표지를 설치하여야 한다.
시 행	시행공고일 현재의 지적공부상의 면적과 측량 후의 면적을 비교하여 그 변동사항을 표시한 **지번별 조서**를 작성하여야 한다.
청산금	축척변경위원회의 의결을 거쳐 제곱미터(m²)당 금액을 결정하여야 한다. 청산금이 결정되었다는 뜻을 **15일** 이상 공고하여 열람할 수 있게 한다. ① 공고일로부터 **20일** 이내에 **납부고지(6개월)** 및 **수령통지(6개월)**를 하여야 한다. ② 납부고지 또는 수령통지된 청산금에 관하여 이의가 있는 자는 납부고지 또는 수령통지를 받은 날부터 **1개월** 이내에 **지적소관청**에 **이의신청**을 할 수 있다. 이의신청을 받은 **지적소관청**은 1개월 이내에 축척변경위원회의 **심의·의결**을 거쳐 그 인용 여부를 결정한 후 지체 없이 그 내용을 이의신청인에게 **통지**하여야 한다.
확정 공고	**청산금의 납부 및 지급이 완료된 때**에는 지체 없이 축척변경의 **확정공고**를 하여야 한다. 이 경우 **확정공고일**에 **토지의 이동**이 있는 것으로 본다.

4 면적의 결정

축척변경 전의 면적과 축척변경 후의 면적의 오차가 허용범위 **이내**인 경우에는 축척변경 **전**의 면적을 결정면적으로 하고, 허용범위를 **초과**하는 경우에는 축척변경 **후**의 면적을 결정면적으로 한다.

> **핵심 노트+** 시·도지사 또는 대도시 시장의 승인을 얻어야 하는 경우
>
> ① **지번**을 **변경**하는 경우
> ② **지적공부**를 **반출**하는 경우
> ③ **축척**을 **변경**하는 경우

기출

45. 공간정보의 구축 및 관리 등에 관한 법령상 축척변경사업에 따른 청산금에 관한 내용이다. ( )에 들어갈 사항으로 옳은 것은? 제26회

> • 지적소관청이 납부고지하거나 수령통지한 청산금에 관하여 이의가 있는 자는 납부고지 또는 수령통지를 받은 날부터 (㉠) 이내에 지적소관청에 이의신청을 할 수 있다.
> • 지적소관청으로부터 청산금의 납부고지를 받은 자는 그 고지를 받은 날부터 (㉡) 이내에 청산금을 지적소관청에 내야 한다.

① ㉠: 15일, ㉡: 6개월
② ㉠: 1개월, ㉡: 3개월
③ ㉠: 1개월, ㉡: 6개월
④ ㉠: 3개월, ㉡: 6개월
⑤ ㉠: 3개월, ㉡: 1년

46. 공간정보의 구축 및 관리 등에 관한 법령상 축척변경에 관한 설명이다. ( ) 안에 들어갈 내용으로 옳은 것은? 제28회

> • 지적소관청은 축척변경을 하려면 축척변경 시행지역의 토지소유자 (㉠)의 동의를 받아 축척변경위원회의 의결을 거친 후 (㉡)의 승인을 받아야 한다.
> • 축척변경 시행지역의 토지소유자 또는 점유자는 시행공고일부터 (㉢) 이내에 시행공고일 현재 점유하고 있는 경계에 경계점표지를 설치하여야 한다.

	㉠	㉡	㉢
①	2분의 1 이상	국토교통부장관	30일
②	2분의 1 이상	시·도지사 또는 대도시 시장	60일
③	2분의 1 이상	국토교통부장관	60일
④	3분의 2 이상	시·도지사 또는 대도시 시장	30일
⑤	3분의 2 이상	국토교통부장관	60일

Answer 45. ③ 46. ④

09 토지이동의 신청 및 신고

토지소유자	토지이동신청은 **토지소유자**가 하여야 하는 것이 원칙이다.
사업시행자	① 다음과 같은 사업으로 인한 토지이동의 경우에는 해당 **사업시행자**가 지적소관청에 이를 **신청**하여야 한다. • 「도시개발법」에 따른 **도시개발사업** • 그 밖에 대통령령으로 정하는 **토지개발사업** • 「농어촌정비법」에 따른 **농어촌정비사업** ② 도시개발사업 등의 사업시행자는 그 사업의 착수·변경 또는 완료 사실을 그 신고 사유가 발생한 날부터 **15일** 이내에 지적소관청에 **신고**하여야 한다. ③ 신청대상지역이 **환지를 수반하는 경우**에는 사업완료 **신고**로써 토지이동**신청**에 갈음할 수 있다. ④ 도시개발사업 등의 착수 또는 변경의 신고가 된 **토지의 소유자**가 해당 토지의 이동을 **원하는 경우**에는 해당 **사업의 시행자**에게 그 토지의 이동을 신청하도록 **요청**하여야 한다. ⑤ 주택건설사업의 시행자가 **파산** 등의 이유로 토지의 이동신청을 할 수 없는 때에는 ㉠ 주택시공을 보증한 자 또는 ㉡ 입주예정자 등이 신청할 수 있다.
제3자	다음의 경우에는 토지소유자가 하여야 하는 신청을 대신할 수 있다. ① 공공사업 등에 따라 학교용지·도로·철도용지·제방·하천·구거·유지·수도용지 등의 지목으로 되는 토지인 경우에는 사업시행자 ② 국가나 지방자치단체가 취득하는 토지인 경우에는 행정기관의 장 또는 지방자치단체장 ③ 「주택법」에 따른 공동주택의 부지인 경우에는 「집합건물의 소유 및 관리에 관한 법률」에 따른 **관리인** 또는 사업시행자 ④ 「민법」 제404조에 따른 채권자

보충·학습 토지이동의 시기

도시개발사업 등으로 인한 토지의 이동은 토지의 형질변경 등의 공사가 준공된 때 그 이동이 이루어진 것으로 본다.

> 기출

47. 다음은 공간정보의 구축 및 관리 등에 관한 법령상 도시개발사업 등 시행지역의 토지이동 신청 특례에 관한 설명이다. ( )에 들어갈 내용으로 옳은 것은? 제31회

   - 「도시개발법」에 따른 도시개발사업, 「농어촌정비법」에 따른 농어촌정비사업 등의 사업시행자는 그 사업의 착수·변경 및 완료 사실을 (㉠)에(게) 신고하여야 한다.
   - 도시개발사업 등의 착수·변경 또는 완료 사실의 신고는 그 사유가 발생한 날부터 (㉡) 이내에 하여야 한다.

   ① ㉠: 시·도지사, ㉡: 15일
   ② ㉠: 시·도지사, ㉡: 30일
   ③ ㉠: 시·도지사, ㉡: 60일
   ④ ㉠: 지적소관청, ㉡: 15일
   ⑤ ㉠: 지적소관청, ㉡: 30일

48. 다음 중 공간정보의 구축 및 관리 등에 관한 법령상 토지소유자가 하여야 하는 토지의 이동신청을 대신할 수 있는 자가 아닌 것은? 제24회

   ① 「민법」 제404조에 따른 채권자
   ② 주차전용 건축물 및 이에 접속된 부속시설물의 부지인 경우는 해당 토지를 관리하는 관리인
   ③ 국가나 지방자치단체가 취득하는 토지인 경우는 해당 토지를 관리하는 행정기관의 장 또는 지방자치단체의 장
   ④ 공공사업 등에 따라 하천·구거·유지·수도용지 등의 지목으로 되는 토지인 경우는 해당 사업의 시행자
   ⑤ 「주택법」에 따른 공동주택의 부지인 경우는 「집합건물의 소유 및 관리에 관한 법률」에 따른 관리인(관리인이 없는 경우에는 공유자가 선임한 대표자) 또는 해당 사업의 시행자

Answer 47. ④ 48. ②

10 지적정리 · 소유자정리 · 통지

1 지적정리

정리 대상	지적소관청은 지적공부가 다음에 해당하는 경우에는 지적공부를 정리하여야 한다. • 지번을 변경하는 경우 • 지적공부를 복구하는 경우 • 신규등록 · 등록전환 · 분할 · 합병 · 지목변경 등 토지이동이 있는 경우
정리 방법	지적소관청은 지적공부의 등록사항에 관한 **토지의 이동**이 있는 경우에는 **토지이동정리결의서**를, 토지 **소유자의 변동** 등에 따른 지적공부를 정리하려는 경우에는 **소유자정리결의서**를 각각 작성한 후, 지적공부를 정리하여야 한다.

2 토지소유자 정리

원칙	**지적공부**에 등록된 토지소유자의 변경사항은 등기관서에서 등기한 것을 증명하는 **등기완료통지서, 등기필증, 등기사항증명서 또는 등기관서에서 제공한 등기전산정보자료**에 따라 정리한다. 다만, **신규등록**하는 토지의 소유자는 **지적소관청**이 **직접 조사**하여 등록한다.
불부합 통지	등기부에 적혀 있는 토지의 표시가 지적공부와 일치하지 아니하면 등기사항증명서 등에 따라 토지소유자를 **정리할 수 없다.** 이 경우 토지의 표시가 지적공부와 일치하지 않는다는 사실을 관할 등기관서에 **통지**하여야 한다.
정리 방법	지적소관청은 관할 등기관서의 등기부를 열람하여 지적공부와 부동산등기부가 **일치하지 아니하는 사항을 발견**하면 등기사항증명서 등에 따라 지적공부를 **직권으로 정리**하거나, 토지소유자나 그 밖의 이해관계인에게 그 지적공부와 부동산등기부가 일치하게 하는 데에 필요한 **신청 등을 하도록 요구**할 수 있다.
무주의 부동산	① 총괄청이나 중앙관서의 장은 소유자 없는 부동산을 **국유재산**으로 취득한다. ② 총괄청이나 중앙관서의 장이 소유자 없는 부동산에 대하여 **국유재산**으로 소유자 등록을 신청하는 경우 지적소관청은 지적공부에 해당 토지의 소유자가 등록되지 아니한 경우에만 등록할 수 있다.
등기부 열람	지적소관청 소속 공무원이 지적공부와 부동산등기부의 부합 여부를 확인하기 위하여 등기부를 열람 또는 등기사항증명서의 발급을 신청하거나, 등기전산정보자료 제공을 요청하는 경우 그 수수료는 **무료**로 한다.

☑ 등기필 통지내용과 지적공부의 불일치사항 통지

등기필 통지내용과 지적공부의 불일치사항 통지

등기필 통지서의 토지의 표시내용이 아래와 같이 지적공부와 일치하지 않으므로 공간정보의 구축 및 관리 등에 관한 법률 제88조 제3항에 따라 통지합니다.

등기 연월일	등기필 통지서					지적공부						불합치 내용
	토지의 표시					토지의 표시			소유자			
	읍·면·동	지번	지목	면적 (m²)		지번	지목	면적 (m²)	성명	주소	
									생년월일		

발 신 기 관 장   [직인]

기출

49. 공간정보의 구축 및 관리 등에 관한 법령상 토지소유자의 정리에 관한 설명이다. ( )에 들어갈 내용으로 옳은 것은? _{제33회}

> 지적공부에 등록된 토지소유자의 변경사항은 등기관서에서 등기한 것을 증명하는 등기필증, 등기완료통지서, 등기사항증명서 또는 등기관서에서 제공한 등기전산정보자료에 따라 정리한다. 다만, (㉠)하는 토지의 소유자는 (㉡)이(가) 직접 조사하여 등록한다.

① ㉠: 축척변경, ㉡: 등기관　　② ㉠: 축척변경, ㉡: 시·도지사
③ ㉠: 신규등록, ㉡: 등기관　　④ ㉠: 신규등록, ㉡: 지적소관청
⑤ ㉠: 등록전환, ㉡: 시·도지사

Answer 49. ④

50. 지적공부에 등록된 토지소유자의 변경사항은 등기관서에서 등기한 것을 증명하는 등기완료 통지서 등에 의하여 정리할 수 있다. 이 경우 등기부에 기재된 토지의 표시가 지적공부와 부합하지 않을 때의 설명 중 옳은 것은? 제16회
    ① 지적공부를 등기완료통지내역에 의하여 정리하고, 부합하지 않는 사실을 관할 등기관서에 통지한다.
    ② 지적공부를 등기완료통지내역에 의하여 정리할 수 없으며, 그 뜻을 관할 등기관서에 통지한다.
    ③ 지적공부를 등기완료통지내역에 의하여 정리할 수 없으며, 그 뜻을 관할 등기관서에 통지하지 않아도 된다.
    ④ 지적공부를 등기완료통지내역에 의하여 정리만 하면 된다.
    ⑤ 지적공부를 등기완료통지내역에 의하여 정리하고, 정리한 사항을 관할 등기관서에 통지한다.

Answer 50. ②

3 지적정리의 통지대상 및 시기

통지 대상	지적소관청은 다음 사항을 지적공부에 등록하거나 지적공부를 복구·말소 또는 등기촉탁을 한 때에는 **토지소유자에게 통지하여야 한다.** • 지적소관청이 직권으로 조사·측량하여 토지 이동**정리**를 한 경우 • 지번**변경**을 한 경우 • 지적공부를 **복구**한 경우 • 바다로 된 토지의 등록말소를 직권으로 **정리**한 경우 • 지적소관청의 직권으로 등록사항을 **정정**하는 경우 • 행정구역 개편으로 지적소관청이 **새로**이 지번을 **부여**한 경우 • 도시개발사업 등의 사업시행자가 토지이동 신청을 하여 **정리**한 경우 • 토지소유자가 하여야 할 신청을 대위하여 **정리**한 경우 • 등기완료 통지내역 등에 따라 지적공부의 소유자를 정리한 경우 (×)
통지 시기	① 지적소관청이 토지소유자에게 지적정리 등을 통지하여야 하는 시기는 다음과 같다. 　㉠ 토지의 표시에 관한 변경등기가 필요한 경우 　　**등기완료통지서를 접수한 날부터 15일 이내** 　㉡ 토지의 표시에 관한 변경등기가 필요하지 아니한 경우 　　**지적공부에 등록한 날부터 7일 이내** ② 다만, 통지받을 자의 주소 또는 거소를 **알 수 없는 때에는** 일간신문, 해당 시·군·구의 공보 또는 인터넷 홈페이지에 **공고하여야 한다.**

기출

51. 공간정보의 구축 및 관리 등에 관한 법령상 지적정리를 한 때 지적소관청이 토지소유자에게 통지하여야 하는 경우가 아닌 것은? 　　　제20회

① 바다로 된 토지에 대하여 토지소유자의 등록말소신청이 없어 지적소관청이 직권으로 지적공부를 말소한 때
② 지적공부의 전부 또는 일부가 멸실·훼손되어 이를 복구한 때
③ 지번부여지역의 일부가 행정구역의 개편으로 다른 지번부여지역에 속하게 되어 새로이 지번을 부여하여 지적공부에 등록한 때
④ 등기관서의 등기완료통지서에 의하여 지적공부에 등록된 토지소유자의 변경사항을 정리한 때
⑤ 토지표시의 변경에 관한 등기를 할 필요가 있는 경우로서 토지표시의 변경에 관한 등기촉탁을 한 때

해설 ④ 등기관서의 등기완료통지서에 의하여 지적공부에 등록된 **토지소유자의 변경사항을 정리한 때**에는 지적정리 사실을 토지소유자에게 통지할 필요가 없다.

52. 다음은 지적소관청이 토지소유자에게 지적정리 등을 통지하여야 하는 시기에 관한 내용이다. (　)에 들어갈 사항으로 옳은 것은? 　　　제23회

- 토지의 표시에 관한 변경등기가 필요하지 아니한 경우: 지적공부에 등록한 날 부터 (㉠) 이내
- 토지의 표시에 관한 변경등기가 필요한 경우: 그 등기완료의 통지서를 접수한 날 부터 (㉡) 이내

① ㉠: 7일, ㉡: 15일　　② ㉠: 15일, ㉡: 7일
③ ㉠: 30일, ㉡: 30일　　④ ㉠: 60일, ㉡: 30일
⑤ ㉠: 30일, ㉡: 60일

Answer 51. ④　52. ①

Chapter 05 지적측량

01 지적측량의 종류

다음의 어느 하나에 해당하는 경우에는 지적측량을 하여야 한다(법 제23조).

① 기초측량	**지적기준점**을 정하는 경우	
② 지적확정측량	도시**개발**사업 등의 시행지역에서 토지의 이동이 있는 경우	
③ 지적복구측량	지적공부를 **복구**하는 경우	
④ 신규등록측량	토지를 **신규등록**하는 경우	
⑤ 등록전환측량	토지를 **등록전환**하는 경우	
⑥ 분할측량	토지를 **분할**하는 경우	※ 합병측량 ×
⑦ 등록말소측량	바다가 된 토지의 **등록말소**를 하는 경우	
⑧ 등록사항정정측량	지적공부의 **등록사항정정**을 하는 경우	
⑨ 축척변경측량	**축척변경**을 하는 경우	
⑩ 경계복원측량	**경계**점을 지상에 **복원**하는 경우	
⑪ 지적현황측량	지상건축물 등의 **현황**을 지적도에 등록된 경계와 대비하여 표시하는 경우	※ 검사측량 ×
⑫ 지적재조사측량	**지적재조사사업**(**국토교통부장관**)에 따라 토지의 이동이 있는 경우	※ 측량의뢰 ×
⑬ 검사측량	**검사권자**(**시·도지사 또는 지적소관청**)가 지적측량성과를 **검사**하는 경우	

> **보충학습** 관련 조문 및 예규
> ① 지적공부를 정리하지 아니하는 **경계복원측량** 및 **지적현황측량**은 측량성과에 대한 **검사를** 받지 아니한다.
> ② 토지소유자 등 이해관계인은 **지적재조사측량** 및 **검사측량**을 지적측량수행자에게 **의뢰할 수 없다**.

> 기출

53. 공간정보의 구축 및 관리 등에 관한 법령상 지적측량을 하여야 하는 경우가 아닌 것은?
제24회

① 지적측량성과를 검사하는 경우
② 경계점을 지상에 복원하는 경우
③ 지상건축물 등의 현황을 지적도 및 임야도에 등록된 경계와 대비하여 표시하는 데에 필요한 경우
④ 위성기준점 및 공공기준점을 설치하는 경우
⑤ 바다가 된 토지의 등록을 말소하는 경우로서 지적측량을 할 필요가 있는 경우

54. 지적측량을 하여야 하는 경우가 아닌 것은?
제22회

① 소유권이전, 매매 등을 위하여 분할하는 경우로서 측량을 할 필요가 있는 경우
② 공유수면매립 등으로 토지를 신규등록하는 경우로서 측량을 할 필요가 있는 경우
③ 「도시개발법」에 따른 도시개발사업 시행지역에서 토지의 이동이 있는 경우로서 측량을 할 필요가 있는 경우
④ 지적공부의 등록사항을 정정하는 경우로서 측량을 할 필요가 있는 경우
⑤ 지적공부에 등록된 지목이 불분명하여 지적공부를 재작성하는 경우로서 측량을 할 필요가 있는 경우

55. 공간정보의 구축 및 관리 등에 관한 법령상 토지소유자 등 이해관계인이 지적측량수행자에게 지적측량을 의뢰할 수 없는 경우는?
제28회

① 바다가 된 토지의 등록을 말소하는 경우로서 지적측량을 할 필요가 있는 경우
② 토지를 등록전환하는 경우로서 지적측량을 할 필요가 있는 경우
③ 지적공부의 등록사항을 정정하는 경우로서 지적측량을 할 필요가 있는 경우
④ 도시개발사업 등의 시행지역에서 토지의 이동이 있는 경우로서 지적측량을 할 필요가 있는 경우
⑤ 「지적재조사에 관한 특별법」에 따른 지적재조사사업에 따라 토지의 이동이 있는 경우로서 지적측량을 할 필요가 있는 경우

해설 ⑤ 지적재조사측량과 검사측량은 토지소유자 등 이해관계인이 지적측량수행자에게 **의뢰할 수 없는 지적측량**이다(법 제24조 제1항).

Answer 53. ④ 54. ⑤ 55. ⑤

02 지적측량의 절차

1 지적측량의 의뢰

토지소유자 등 이해관계인은 지적측량을 하여야 할 필요가 있는 때에는 지적측량수행자에게 해당 지적측량을 의뢰하여야 한다.

2 지적측량 의뢰서 제출

지적측량을 의뢰하고자 하는 자는 **지적측량 의뢰서**에 의뢰사유를 증명하는 서류를 첨부하여 **지적측량수행자**(지적측량업자 또는 한국국토정보공사)에게 제출하여야 한다.

3 지적측량 수행계획서 제출

지적측량수행자가 지적측량 의뢰를 받은 때에는 측량기간, 측량일자 및 측량수수료를 기재한 **지적측량 수행계획서**를 그 다음 날까지 **지적소관청**에 제출하여야 한다.

4 지적측량 실시

① 지적측량의 측량기간은 **5일**로 하며, 측량검사기간은 **4일**로 한다.
② 다만, 지적기준점을 설치하여 측량 또는 검사를 하는 경우 지적기준점이 **15점 이하**인 경우에는 **4일**을, 15점을 초과하는 경우에는 4일에 15점을 초과하는 **4점마다 1일**을 가산한다.

지적기준점 개수	1점~15점	16점, 17점, 18점, 19점	20점, 21점, 22점, 23점
측량기간 (5일)	5일 + 4일 총 9일	5일 + 4일 + 1일 총 10일	5일 + 4일 + 1일 + 1일 총 11일
검사기간 (4일)	4일 + 4일 총 8일	4일 + 4일 + 1일 총 9일	4일 + 4일 + 1일 + 1일 총 10일

③ 위 기준에도 불구하고, 지적측량의뢰인과 지적측량수행자가 서로 합의하여 따로 기간을 정하는 경우에는 그 기간에 따르되, 전체기간의 **4분의 3**은 **측량기간**으로, 전체기간의 **4분의 1**은 **검사기간**으로 본다.

5 지적측량성과의 검사

① 지적측량수행자가 지적측량을 하였으면 **시·도지사, 대도시 시장** 또는 **지적소관청**으로부터 측량성과에 대한 **검사**를 받아야 한다.
② 지적공부를 정리하지 아니하는 **경계복원측량** 및 **지적현황측량**은 측량성과에 대한 **검사를 받지 아니한다**(법 제25조).

6 지적측량성과도의 발급

지적소관청은 측량성과가 정확하다고 인정되는 때에는 지적측량성과도를 **지적측량수행자**에게 발급하여야 하며, 지적측량수행자는 **측량의뢰인**에게 그 측량성과도를 포함한 지적측량 결과부를 지체 없이 발급하여야 한다.

☑ **지적측량의 의뢰 및 시행절차도**

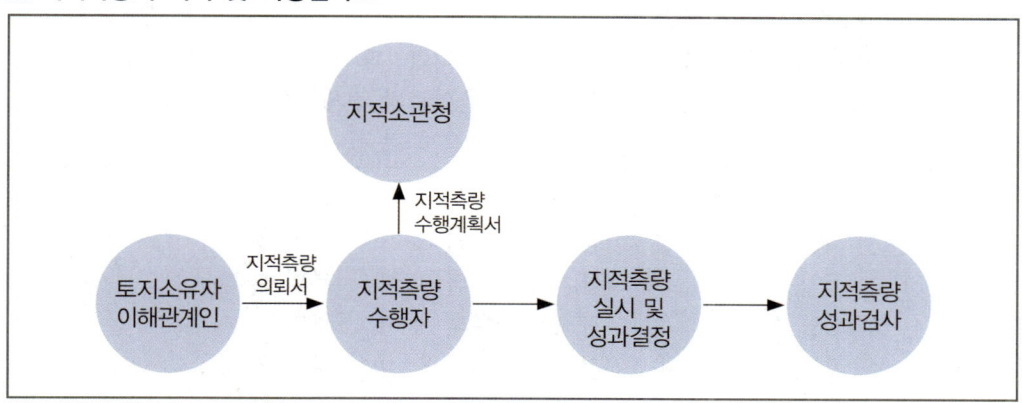

| 보충학습 | 지적측량의 방법 |

평판측량	평판에 측량준비도 용지를 붙여 조준의로 목표물의 방향, 거리, 높이 차 등을 관측하여 직접 현장에서 도면상 위치를 결정하는 측량방법이다.
경위의측량	경위의라는 측량기재를 가지고 측량하는 방법을 말한다.
전파기측량 광파기측량	전자파나 광파를 이용한 컴퓨터가 내장된 측량기재를 가지고 측량하는 방법이다.
사진측량	항공기 등을 이용하여 지적측량을 영상화하는 측량방법으로서 기초측량과 세부측량에 활용된다.
위성측량	인공위성으로부터 송신되는 전파신호를 수신하여 측점의 3차원 위치를 결정하는 측량방법으로 주로 기초측량에 이용된다.

| 보충학습 | 「지적측량 시행규칙」 제28조

경위의측량방법으로 실시한 **지적확정측량성과**인 경우에는 다음의 구분에 따라 검사를 받아야 한다.
① 국토교통부장관이 정하여 고시하는 **면적 규모 이상**의 지적확정측량성과인 경우에는 **시·도지사** 또는 **대도시 시장**에게 검사를 받아야 한다.
② 국토교통부장관이 정하여 고시하는 면적 규모 미만의 지적확정측량성과인 경우에는 **지적소관청**에게 검사를 받아야 한다.

> 기출

56. 다음은 지적측량의 기간에 관한 내용이다. (   )에 들어갈 내용으로 옳은 것은? 제22회

- 지적측량의 측량기간은 (㉠)로 하며, 측량검사기간은 (㉡)로 한다. 다만, 지적기준점을 설치하여 측량 또는 측량검사를 하는 경우 지적기준점이 15점 이하인 경우에는 4일을, 15점을 초과하는 경우에는 4일에 15점을 초과하는 (㉢)마다 1일을 가산한다.
- 이와 같은 기준에도 불구하고, 지적측량의뢰인과 지적측량수행자가 서로 합의하여 따로 기간을 정하는 경우에는 그 기간에 따르되, 전체기간의 (㉣)은 측량기간으로, 전체기간의 (㉤)은(는) 측량검사기간으로 본다.

① ㉠: 4일, ㉡: 3일, ㉢: 5점, ㉣: 4분의 3, ㉤: 4분의 1
② ㉠: 4일, ㉡: 3일, ㉢: 4점, ㉣: 5분의 3, ㉤: 5분의 2
③ ㉠: 5일, ㉡: 4일, ㉢: 4점, ㉣: 4분의 3, ㉤: 4분의 1
④ ㉠: 5일, ㉡: 4일, ㉢: 4점, ㉣: 5분의 3, ㉤: 5분의 2
⑤ ㉠: 5일, ㉡: 4일, ㉢: 5점, ㉣: 4분의 3, ㉤: 5분의 2

57. 공간정보의 구축 및 관리 등에 관한 법령상 다음의 예시에 따를 경우 지적측량의 측량기간과 측량검사기간으로 옳은 것은? 제28회

- 지적기준점의 설치가 필요 없는 경우임
- 지적측량의뢰인과 지적측량수행자가 서로 합의하여 측량기간과 측량검사기간을 합쳐 40일로 정함

	측량기간	측량검사기간
①	33일	7일
②	30일	10일
③	26일	14일
④	25일	15일
⑤	20일	20일

Answer 56. ③ 57. ②

03 지적측량 적부심사

청구인	토지소유자, 이해관계인 또는 지적측량수행자는 지적측량성과에 대하여 다툼이 있는 경우에는 관할 **시·도지사**를 거쳐 **지방지적위원회**에 지적측량 적부심사를 청구할 수 있다.
회부	지적측량 적부심사 청구를 받은 시·도지사는 **30일** 이내에 지방지적위원회에 회부하여야 한다.
심의 의결	① 지적측량 적부심사 청구를 회부받은 지방지적위원회는 그 심사청구를 회부받은 날부터 **60일** 이내에 심의·의결하여야 한다. ② 다만, 부득이한 경우에는 해당 지적위원회의 의결을 거쳐 **30일** 이내에서 **한 번만 연장**할 수 있다.
송부	지방지적위원회는 지적측량 적부심사 의결서를 작성하여 **시·도지사**에게 송부하여야 한다.
통지	시·도지사는 의결서를 받은 날부터 **7일** 이내에 지적측량 적부심사 청구인 및 이해관계인에게 그 의결서를 통지하여야 한다.
재심사 청구	시·도지사로부터 의결서를 받은 자가 지방지적위원회의 의결에 불복하는 경우에는 그 의결서를 받은 날부터 **90일** 이내에 **국토교통부장관**을 거쳐 **중앙지적위원회**에 재심사를 청구할 수 있다.
의결서 송부	시·도지사는 지방지적위원회의 의결서를 받은 후 해당 지적측량 적부심사 청구인 등이 재심사를 청구하지 아니하면 그 의결서를 지적소관청에 보내야 한다.
등록사항 정정	지적위원회의 의결서 사본을 받은 지적소관청은 그 내용에 따라 지적공부의 등록사항을 **직권**으로 **정정**하거나 측량성과를 수정하여야 한다.

보충 학습 지적측량 적부심사 청구 절차도

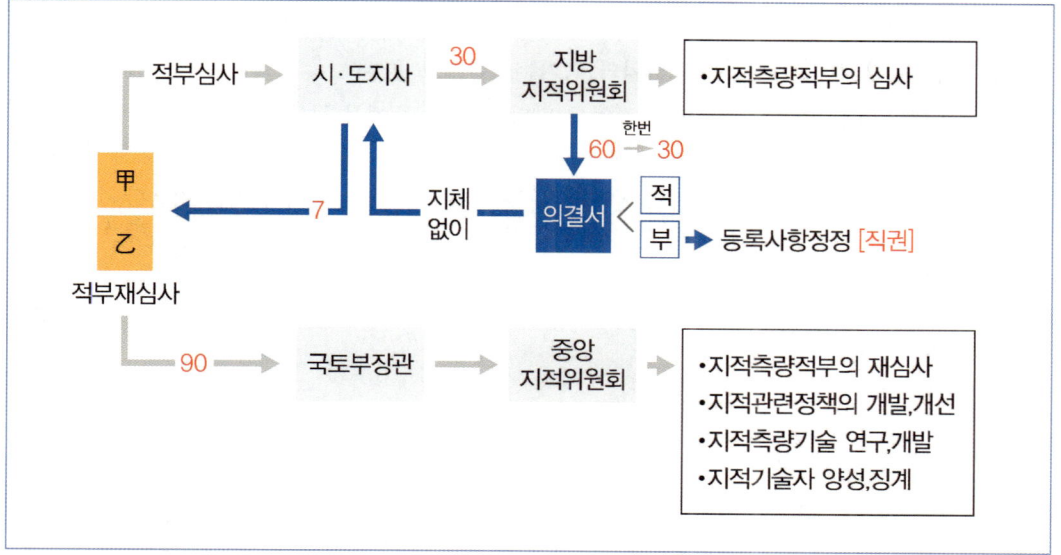

04 중앙지적위원회와 축척변경위원회의 비교

구 분	중앙지적위원회(영 제20조)	축척변경위원회(영 제79조)
구 성	• **5명** 이상 **10명** 이하의 위원 • 토지소유자가 5명 이하일 때에는 전원을 위원으로 위촉	• **5명** 이상 **10명** 이하의 위원 • 토지소유자가 **5명 이하**일 때에는 **전원**을 위원으로 위촉
회 의	• 소집 ▶ 회의 **5일** 전까지 위원에게 서면통지 • 개의 ▶ 재적위원 **과반수** 출석 • 의결 ▶ 출석위원 **과반수** 찬성	
심의 · 의결	① 지적측량적부의 **재심사** 　〔 지적측량적부의 **심사** 　　〈 지방지적위원회 〉 〕 ② 지적 관련 정책 **개발** 및 업무 **개선** ③ 지적측량기술의 연구 · **개발** 및 **보급** ④ 지적기술자의 **양성**에 관한 사항 ⑤ 지적기술자의 **업무정지** 및 **징계요구**	① 지번별 제곱미터당 **금액**의 결정 ② **청산금**의 산정에 관한 사항 ③ **청산금**의 이의신청에 관한 사항 ④ 축척변경 시행계획에 관한 사항 ⑤ 그 밖에 축척변경과 관련하여 지적소관청이 회의에 부치는 사항

> **핵심 노트+ 중앙지적위원회의 구성**
>
> ① 중앙지적위원회는 위원장 및 부위원장 각 1명을 포함하여 5명 **이상** 10명 **이하의 위원**으로 구성한다.
> ② 위원장은 국토교통부 지적업무 담당 국장이, 부위원장은 국토교통부 지적업무 담당 과장이 된다.
> ③ 위원은 지적에 관한 학식과 경험이 풍부한 자 중에서 국토교통부장관이 임명 또는 위촉한다.
> ④ 위원장 및 부위원장을 제외한 위원의 임기는 2년으로 한다.
> ⑤ 위원회의 간사는 국토교통부의 지적업무 담당 공무원 중에서 국토교통부장관이 임명하며, 회의준비 · 회의록 작성 및 회의 결과에 따른 업무 등 중앙지적위원회의 서무를 담당한다.
> ⑥ 위원회의 위원에게는 예산의 범위 안에서 출석수당과 여비, 그 밖의 실비를 지급할 수 있다. 다만, 공무원인 위원이 그 소관 업무와 직접적으로 관련되어 출석하는 경우에는 그러하지 아니하다.

기출

58. 공간정보의 구축 및 관리 등에 관한 법령상 지적측량성과에 대하여 다툼이 있는 경우에 토지소유자, 이해관계인 또는 지적측량수행자가 관할 시·도지사를 거쳐 지적측량 적부심사를 청구할 수 있는 위원회는?   제26회

① 지적재조사위원회 ② 지방지적위원회 ③ 축척변경위원회
④ 토지수용위원회 ⑤ 국가지명위원회

59. 경계분쟁이 있는 중개대상토지에 대하여 중앙지적위원회의 지적측량 적부재심사 결과 '지적공부에 등록된 경계 및 면적을 정정하라'는 의결 주문의 내용이 기재된 의결서 사본이 지적소관청에 접수되었다. 이에 대한 지적소관청의 처리방법으로 옳은 것은?   제15회

① 당해 지적소관청이 직권으로 지체 없이 경계 및 면적을 정정하여야 한다.
② 토지소유자의 정정신청이 있을 경우에만 정정할 수 있다.
③ 잘못 등록된 토지의 표시사항이 상당기간 경과된 경우에는 정정할 수 없다.
④ 지적공부에 등록된 면적증감이 없는 경우에만 정정할 수 있다.
⑤ 확정판결 및 이해관계인의 승낙서 또는 이에 대항할 수 있는 판결서의 정본에 의해서만 정정할 수 있다.

60. 공간정보의 구축 및 관리 등에 관한 법령상 중앙지적위원회의 구성 및 회의 등에 관한 설명으로 틀린 것은?   제27회

① 위원장은 국토교통부의 지적업무 담당 국장이, 부위원장은 국토교통부의 지적업무 담당 과장이 된다.
② 중앙지적위원회는 관계인을 출석하게 하여 의견을 들을 수 있으며, 필요하면 현지조사를 할 수 있다.
③ 중앙지적위원회는 위원장 1명과 부위원장 1명을 포함하여 5명 이상 10명 이하의 위원으로 구성한다.
④ 중앙지적위원회의 회의는 재적위원 과반수의 출석으로 개의(開議)하고, 출석위원 과반수의 찬성으로 의결한다.
⑤ 위원장이 중앙지적위원회의 회의를 소집할 때에는 회의 일시·장소 및 심의 안건을 회의 7일 전까지 각 위원에게 서면으로 통지하여야 한다.

Answer 58. ② 59. ① 60. ⑤

PART

02

부동산등기법

제1장 등기절차 총론
제2장 소유권에 관한 등기
제3장 소유권 외의 권리의 등기
제4장 각종의 등기절차
제5장 등기소·등기기록

Chapter 01 등기절차 총론

01 신청주의

(1) 등기는 당사자의 **신청** 또는 **관공서**의 촉탁에 따라 한다. 다만, 법률에 다른 규정이 있는 경우에는 그러하지 아니하다(법 제22조 제1항).

(2) 촉탁에 따른 등기의 절차에 대하여는 법률에 다른 규정이 있는 경우를 제외하고는 신청에 따른 등기에 관한 규정을 준용한다.

> **보충학습** 관공서의 촉탁
>
> 등기절차는 관공서의 촉탁에 따라서도 개시된다(법 제98조). 촉탁에 따른 등기절차는 신청에 갈음하여 촉탁이라는 관공서의 일방적 행위에 따른다는 특색이 있을 뿐, 원칙적으로 신청에 따른 등기에 관한 규정을 준용하는 것으로 하고 있다(법 제22조 제2항).
>
> 🔔 **촉탁하는 등기**
>
> | 구 분 | 촉탁하는 등기 | 촉탁관서 |
> |---|---|---|
> | 민사집행법 | 경매개시결정등기 | 집행법원 |
> | | 가압류, 가처분에 관한 등기 | |
> | 주택임대차보호법 | 임차권등기명령에 따른 주택임차권등기 | |

☑ **등기신청 절차도**

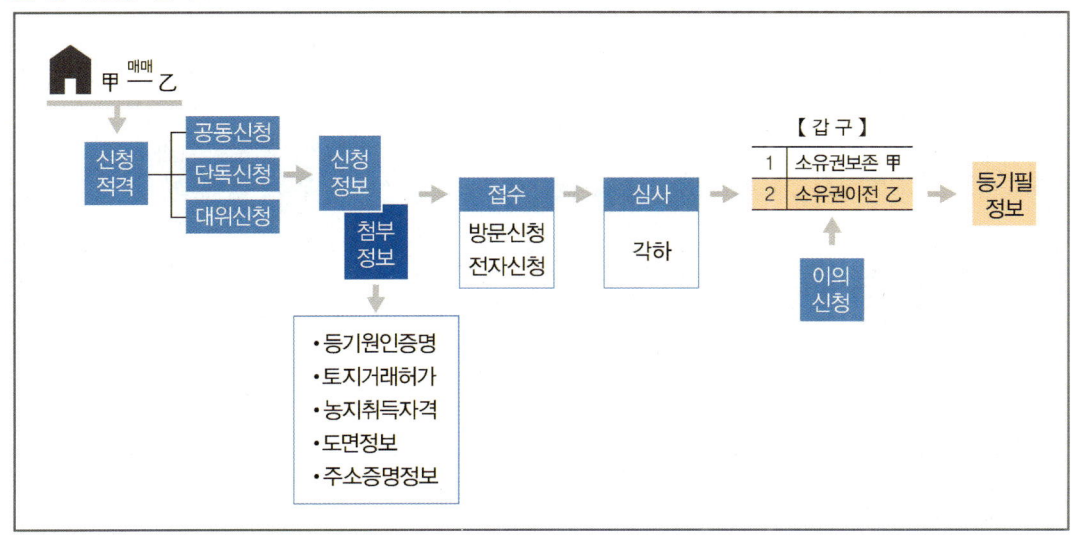

02 일반건물의 1등기기록

고유번호 1355-2001-003654

【 표 제 부 】 (건물의 표시)

표시번호	접 수	소재지번	건물내역	등기원인 및 기타사항
1	○년○월○일	서울시○구○동 100	시멘트벽돌 슬라브지붕 120m²	도면편철장 제5책 37면

【 갑 구 】 (소유권에 관한 사항)

순위번호	등기목적	접 수	등기원인	권리자 및 기타사항
1	소유권보존	○년○월○일 제1234호		소유자 박 철수 850724-1234567 서울시 ○구 ○동
2	소유권이전	○년○월○일 제3234호	○년○월○일 매매	소유자 김 영희 900521-2234567 서울시 ○구 ○동

【 을 구 】 (소유권 이외의 권리에 관한 사항)

순위번호	등기목적	접 수	등기원인	권리자 및 기타사항
1	저당권설정	○년○월○일 제4234호	○년○월○일 설정계약	저당권자 (주) 우리은행 110111-2365321 서울시 ○구 ○동 **채 권 액** 금 2억원 **채 무 자** 김 영희 서울시 ○구 ○동
2	전세권설정	○년○월○일 제5234호	○년○월○일 설정계약	전세권자 이 동백 80402-1234567 서울시 ○구 ○동 **전 세 금** 금 1억원 **범 위** 건물전부

부동산등기법 제50조(등기필정보)

등기관이 새로운 권리에 관한 등기를 마쳤을 때에는 등기필정보를 작성하여 등기권리자에게 통지하여야 한다.

등기필정보 및 등기완료통지

| 권 리 자 : 박철수
| (주민)등록번호 : 850726-*******
| 주 소 : 서울시 ○ 구 ○동
| **부동산고유번호** : 1102-2017-002634
| 부 동 산 소 재 : [건물] 서울시 ○ 구 ○동
| 접 수 일 자 : ○년 ○월 ○일   접 수 번 호 : 1234
| 등 기 목 적 : 소유권보존

일련번호 : A77C-LO71-35J5
비밀번호 (기재순서 : 순번-비밀번호)

01-7952	11-7072	21-2009	31-8842	41-3168
02-5790	12-7320	22-5102	32-1924	42-7064
03-1568	13-9724	23-1903	33-1690	43-4443
04-8861	14-8752	24-5554	34-3155	44-6994
08-3481	18-3188	28-8119	38-9800	48-5318
09-7450	19-7312	29-1505	39-6977	49-1314
10-1176	20-1396	30-3488	40-6567	50-6459

서울중앙지방법원 등기국

◆ 보안스티커 안에는 다음 번 등기신청시에 필요한 일련번호와 50개의 비밀번호가 기재되어 있습니다.
◆ 등기신청시 일련번호와 비밀번호 1개를 임의로 선택하여 해당 순번과 함께 신청서에 기재하면 종래의 등기필증을 첨부한 것과 동일한 효력이 있으며, 등기필정보 및 등기완료통지서면 자체를 첨부하는 것이 아님을 유의하시기 바랍니다.
◆ 따라서 등기신청서 등기필정보 및 등기완료통지서면을 거래상대방이나 대리인에게 줄 필요가 없고, 대리인에게 위임한 경우에는 일련번호와 비밀번호 50개 중 1개와 해당 순번만 알려 주시면 됩니다. **등기필정보 및 등기완료통지서는 종래의 등기필증을 대신하여 발행된 것으로 분실시 재발급되지 아니하니 보관에 각별히 유의하시기 바랍니다.**

부동산등기법 제53조(등기완료통지)
등기완료통지는 신청인 및 다음 각 호의 어느 하나에 해당하는 자에게 하여야 한다.
㉠ 승소한 등기의무자의 등기신청에 있어서 등기권리자
㉡ 대위자의 등기신청에서 피대위자
㉢ 직권 소유권보존등기에서 등기명의인

 등 기 완 료 통 지 서

아래의 등기신청에 대해서 등기가 완료되었습니다.

신　　청　　인 : 박철수
(주민)등록번호 : 750826-*******
주　　　　　소 : 서울시 ○구 ○동 100번지

부동산고유번호 : 1102 - 2006 - 002634
부 동 산 소 재 : [토지] 서울시 ○구 ○동 100번지

접 수 일 자 : ○년 ○월 ○일
접 수 번 호 : 1234
등 기 목 적 : 소유권이전
등기원인및일자 : ○년 ○월 ○일 매매

○년 ○월 ○일

서울중앙지방법원 등기국

03 등기의 당사자능력

등기신청의 당사자, 즉 등기권리자나 등기의무자가 될 수 있는 법률상 자격을 의미한다.

등기신청적격이 있는 경우	등기신청적격이 없는 경우
① 자연인, 법인, 외국인	① 태아
② 법인 아닌 사단·재단 (종중·아파트 입주자대표회의)	
③ 학교법인	③ 학교(국립·공립·사립)
④ 특별법상 조합(농협, 축협, 수협)	④ 민법상 조합
⑤ 지방자치단체(시·도 / 시·군·구)	⑤ 읍·면·동·리

판례

① **법인 아닌 사단·재단**의 경우에는 **법인 아닌 사단·재단 명의**로 대표자가 등기를 신청하여야 한다.
② **민법상 조합**의 경우에는 **조합원 전원 명의**로 합유등기를 신청하여야 한다.
③ **자연부락(동·리)**이 법인 아닌 사단을 설립한 경우에는 **자연부락(동·리) 명의**로 그 대표자가 등기를 신청할 수 있다.

기출

1. 등기신청적격에 관한 설명으로 옳은 것은? 제19회
   ① 아파트 입주자대표회의 명의로 그 대표자 또는 관리인이 등기를 신청할 수 없다.
   ② 국립대학교는 학교 명의로 등기를 신청할 수 없지만, 사립대학교는 학교 명의로 등기를 신청할 수 있다.
   ③ 특별법에 의하여 설립된 농업협동조합의 부동산은 조합원의 합유로 등기하여야 한다.
   ④ 지방자치단체도 등기신청의 당사자능력이 인정되므로 읍·면도 등기신청적격이 인정된다.
   ⑤ 동(洞) 명의로 동민들이 법인 아닌 사단을 설립한 경우에는 그 대표자가 동 명의로 등기신청을 할 수 있다.

   해설 ① 아파트 입주자대표회의는 비법인 사단으로서 등기할 수 있다.
   ② 학교는 교육을 위하여 이용하는 시설물에 불과하므로 그 명의로는 등기할 수 없다. 국립대학교의 경우는 '국'으로, 사립대학교의 경우는 '학교법인(재단법인)'으로 등기를 신청하여야 한다.
   ③ 특별법에 의하여 설립된 농업협동조합은 조합원 명의가 아닌 농업협동조합 명의로 등기할 수 있다.
   ④ 지방자치단체(특별시·광역시·도, 시·군·자치구) 명의로는 등기할 수 있지만 읍·면·동·리 명의로는 등기할 수 없다. 다만, 동·리의 경우 단체성이 인정되는 경우 비법인사단으로서 등기될 수 있다.

1. ⑤

04 공동신청

등기는 원칙적으로 등기권리자와 등기의무자 또는 그의 대리인이 등기소에 함께 출석하여 이를 신청하여야 한다(법 제23조, 제24조).

등기의 종류	원 인		등기의무자	등기권리자	참조
소유권이전등기	매매		매도인	매수인	115쪽
	유증		유언집행자·상속인	수증자	124쪽
	포괄 승계	상속	×	상속인	122쪽
		합병	×	존속회사	
	토지수용		×	사업시행자	119쪽
저당권설정등기	설정계약		저당권설정자	저당권자	136쪽
저당권변경등기	채권액 증액		저당권설정자	저당권자	
	채권액 감액		저당권자	저당권설정자	
저당권이전등기	양도계약		양도인	양수인	
저당권말소등기	피담보채권 소멸		저당권자	저당권설정자	

핵심 노트+ 판결에 의한 등기

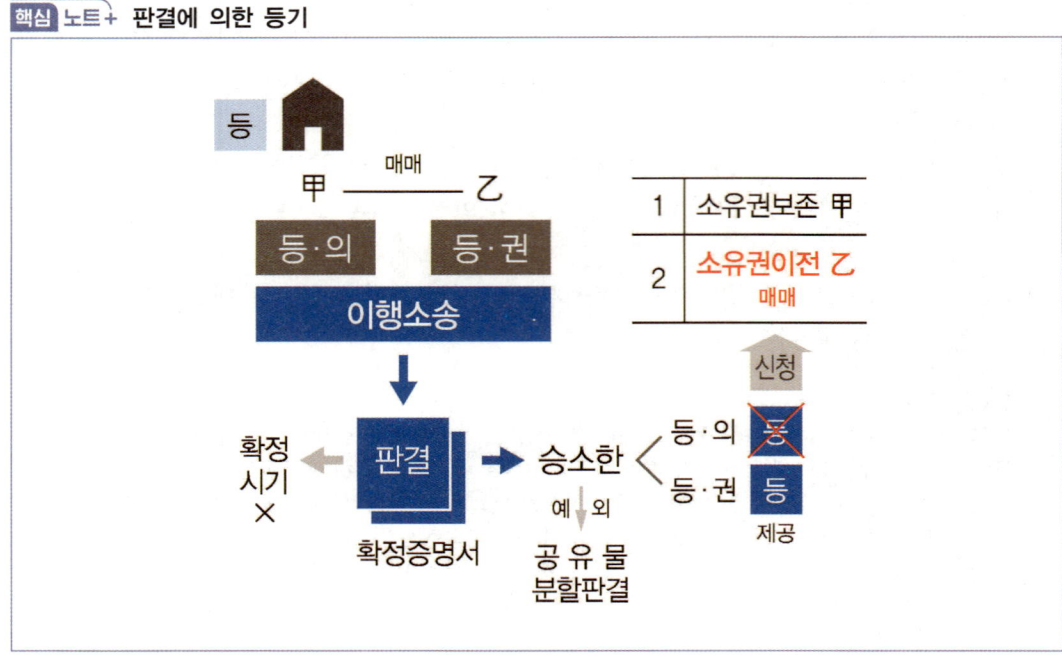

05 단독신청

판결에 의한 등기	① 등기절차의 **이행**을 명하는 **판결**에 의한 등기는 **승소한** 등기권리자 또는 등기의무자가 단독으로 신청한다(법 제23조). ② **공유물을 분할하는 판결**에 의한 등기는 **등기권리자** 또는 **등기의무자**가 단독으로 신청한다. ③ **승소한 등기권리자**는 등기필정보를 등기소에 **제공할 필요가 없다.** **승소한 등기의무자**는 등기필정보를 등기소에 **제공하여야 한다.** ④ 소유권이전의 이행을 명하는 확정판결을 받았다면 그 **확정시기에 관계없이** 등기를 신청할 수 있다. ⑤ 판결에 의한 등기를 신청하는 경우에는 **확정증명서를 첨부하여야 한다.** 그러나 송달증명을 첨부하거나 집행문을 부여받을 필요는 없다.
말소등기	① 등기명의인의 **사망** 또는 법인의 **해산**으로 그 권리가 소멸하였을 때에는, 등기권리자는 말소등기를 단독으로 신청할 수 있다. ② 등기권리자가 등기의무자의 **소재불명**으로 인하여 말소등기를 공동신청할 수 없을 때에는 **제권판결**을 받아 단독으로 신청할 수 있다. ③ 소유권과 다른 물권이 **혼동**으로 소멸한 경우에는, 말소등기를 단독으로 신청할 수 있다.

소·보존등기			108쪽
소·이전등기	• 상속(합병) • 토지수용		122쪽
신탁등기			127쪽
변경등기	• 부동산변경등기(증축·일부멸실, 분필·합필) − **1개월**		140쪽
	• 등기명의인표시변경등기		141쪽
멸실등기	• 부동산이 **멸실**한 경우 − **1개월** • **존재하지 않는 건물**의 경우 − **지체 없이**		152쪽
가등기	신 청	• 원칙: 공동신청 • 예외: 단독신청 − 가등기권리자	156쪽

	말 소	• 원칙: 공동신청
		• 예외: 단독신청 − ① 가등기명의인
		  ② 가등기의무자
		  ③ 이해관계 있는 제3자	

보충학습 등기원인과 그 연월일(예규 제1692호)

이행판결	• 등기원인: 법률행위(판결주문에 명시된 등기원인) • 등기원인일자: 법률행위일(판결주문에 명시된 등기원인의 연월일)	
형성판결	• 등기원인: 판결에서 행한 형성처분 • 등기원인일자: 판결확정일	
	공유물분할판결	• 등기원인일자: 판결확정일
	사해행위취소판결	• 등기원인일자: 판결확정일
	재산분할심판	• 등기원인일자: 심판확정일

① 법 제23조 제4항의 판결에 준하는 집행권원: 확정판결과 동일한 효력이 있는 화해조서·인낙조서·조정조서 등에 의한 단독신청도 가능하다.
② 공유물분할판결: 공유물분할판결은 형성판결에 해당하나, 그 소송의 당사자는 원고 또는 피고를 불문하고 그 확정판결을 첨부하여 등기권리자 또는 등기의무자 단독으로 신청한다.

기출

2. 등기권리자와 등기의무자가 공동으로 등기신청을 해야 하는 것은? (단, 판결 등 집행권원에 의한 등기신청은 제외함) 제35회
① 소유권보존등기의 말소등기를 신청하는 경우
② 법인의 합병으로 인한 포괄승계에 따른 등기를 신청하는 경우
③ 등기명의인표시의 경정등기를 신청하는 경우
④ 토지를 수용한 사업시행자가 수용으로 인한 소유권이전등기를 신청하는 경우
⑤ 변제로 인한 피담보채권의 소멸에 의해 근저당권설정등기의 말소등기를 신청하는 경우

3. 등기권리자와 등기의무자가 등기를 공동으로 신청해야 하는 경우는? 제36회
① 특정유증에 따른 등기   ② 이행판결에 의한 등기
③ 부동산표시의 변경등기   ④ 소유권보존등기의 말소등기
⑤ 신탁재산에 속하는 부동산의 신탁등기

Answer 2. ⑤ 3. ①

4. 판결에 의한 소유권이전등기신청에 관한 설명으로 옳은 것은? 제19회
   ① 판결에 의하여 소유권이전등기를 신청하는 경우, 그 판결주문에 등기원인일의 기록이 없으면 등기신청서에 판결송달일을 등기원인일로 기록하여야 한다.
   ② 소유권이전등기의 이행판결에 가집행이 붙은 경우, 판결이 확정되지 아니하여도 가집행선고에 의한 소유권이전등기를 신청할 수 있다.
   ③ 판결에 의한 소유권이전등기신청서에는 판결정본과 그 판결에 대한 송달증명서를 첨부하여야 한다.
   ④ 공유물분할판결이 확정되면 그 소송의 피고도 단독으로 공유물분할을 원인으로 한 지분이전등기를 신청할 수 있다.
   ⑤ 소유권이전등기절차 이행을 명하는 판결이 확정된 후 10년이 경과하면 그 판결에 의한 소유권이전등기를 신청할 수 없다.

   해설 ① 판결주문에 등기원인일의 기재가 없으면 확정판결의 선고일자를 등기원인일자로 기재하여야 한다.
   ② 소유권이전등기의 이행판결에 가집행이 붙은 경우에도, 판결이 **확정되지 아니한 경우에는** 소유권이전등기를 신청할 수 없다.
   ③ 판결에 의한 소유권이전등기신청서에는 판결정본과 그 판결에 대한 **확정증명서**를 첨부하여야 한다.
   ⑤ 소유권이전등기절차 이행을 명하는 판결은 소멸시효가 진행되지 않기 때문에 **확정시기가 언제인지 상관없이** 소유권이전등기를 신청할 수 있다.

5. 확정판결에 의한 등기신청에 관한 설명으로 틀린 것은? 제24회
   ① 공유물분할판결을 첨부하여 등기권리자가 단독으로 공유물분할을 원인으로 한 지분이전등기를 신청할 수 있다.
   ② 승소한 등기권리자가 판결에 의한 등기신청을 하지 않는 경우에는 패소한 등기의무자도 그 판결에 의한 등기신청을 할 수 있다.
   ③ 승소한 등기권리자가 그 소송의 변론종결 후 사망하였다면, 상속인이 그 판결에 의해 직접 자기명의로 등기를 신청할 수 있다.
   ④ 채권자 대위소송에서 채무자가 그 소송이 제기된 사실을 알았을 경우, 채무자도 채권자가 얻은 승소판결에 의하여 단독으로 그 등기를 신청할 수 있다.
   ⑤ 등기절차의 이행을 명하는 판결이 확정된 후, 10년이 지난 경우에도 그 판결에 의한 등기신청을 할 수 있다.

Answer 4. ④ 5. ②

06 대위신청

포괄 승계인	① 甲이 乙에게 부동산을 매도하였으나 소유권이전등기를 하기 전에 매도인 **甲이 사망**하여 그 지위를 丙이 상속한 경우에는, 상속등기를 거치지 않고 甲에서 乙로 직접 **소유권이전등기**를 하여야 한다. ② 매도인 甲과 매매계약을 체결한 **매수인 乙이 사망**하여 丙이 그 지위를 상속한 경우에는 甲으로부터 丙에게 직접 **소유권이전등기**를 하여야 한다.
채권자	① 甲, 乙, 丙 순으로 매매가 이루어졌으나 등기명의인이 甲인 경우 최종매수인 丙은 乙을 대위하여 **소유권이전등기**를 신청할 수 있다. ※ 대위신청 절차 　㉠ 채권자가 대위등기를 신청하는 경우에는 신청정보에 채권자 표시와 대위원인을 기록하고 **대위원인을 증명하는 정보**를 첨부하여야 한다. 　㉡ 등기관은 채권자 대위에 의한 등기가 마쳐진 경우에는 **채권자 및 채무자**에게 **등기완료통지**를 하여야 한다. ② 甲이 미등기부동산을 乙에게 매도하였음에도 甲 앞으로의 소유권보존등기신청을 게을리 하는 때에는 乙이 甲명의로 **소유권보존등기**를 대위신청할 수 있다. ③ 저당권설정자가 사망한 경우, 그의 상속인이 **상속을 포기할 수 있는 기간이라도** 당해 부동산의 저당권자(채권자)는 상속인 명의의 **상속등기**를 대위신청 할 수 있다.
위탁자 또는 수익자	① **신탁등기**는 수탁자가 **단독**으로 **신청**한다. ② **신탁등기**는 위탁자 또는 수익자가 수탁자를 **대위**하여 **신청**할 수 있다. — 127쪽
대지 소유자	건물이 멸실된 경우, **소유권의 등기명의인**이 1개월 이내에 멸실등기를 신청하지 아니한 때에는 **대지의 소유자**가 대위하여 **멸실등기**를 신청할 수 있다. — 152쪽
구분건물 소유자	1동의 건물에 속하는 구분건물 중 일부만에 관하여 소유권보존등기를 신청하는 경우에는 나머지 구분건물의 **표시에 관한 등기**를 동시에 대위하여 신청할 수 있다. — 173쪽

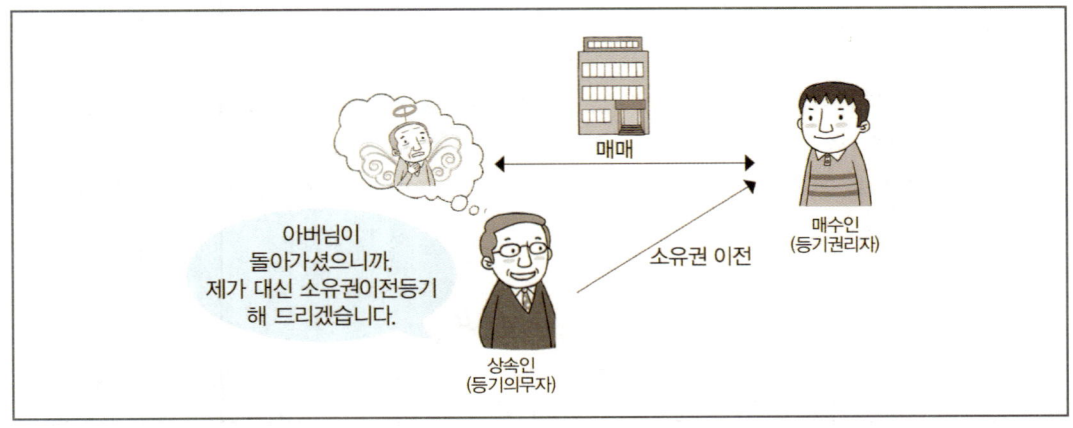

보충학습 관련 판례 및 예규

① 가등기의무자가 사망하고 그 상속인이 가등기권리자와 공동으로 가등기에 기한 본등기를 신청하는 경우에는 피상속인으로부터 **직접** 등기권리자 앞으로 등기를 할 수 있다(예규 제1632호).
② 소유권이전등기청구권가등기의 권리자가 사망한 때에는 그 상속인은 **상속등기를 하지 않고** 직접 상속인 명의로 가등기에 기한 본등기를 신청할 수 있다(등기선례 제5-577호).
③ 소유권이전등기청구의 소에서 원고인 등기권리자가 판결확정 후 사망한 경우에, 그 상속인은 판결에 의하여 **직접** 상속인 명의로 소유권이전등기를 신청할 수 있다(등기선례 제7-107호).

기출

6. 등기신청에 관한 설명 중 틀린 것은? 제18회
   ① 법인 아닌 사단에 속하는 부동산에 관한 등기는 그 사단의 명의로 신청할 수 있다.
   ② 근저당권설정자가 사망한 경우 근저당권자는 임의경매신청을 하기 위하여 근저당권의 목적인 부동산의 상속등기를 대위신청할 수 있다.
   ③ 甲, 乙 간의 매매 후 등기 전에 매수인 乙이 사망한 경우 乙의 상속인 丙은 甲과 공동으로 丙명의의 소유권이전등기를 신청할 수 있다.
   ④ 甲·乙·丙·丁 순으로 매매가 이루어졌으나 등기명의인이 甲인 경우 최종매수인 丁은 乙과 丙을 순차로 대위하여 소유권이전등기를 신청할 수 있다.
   ⑤ 민법상 조합을 등기의무자로 한 근저당권설정등기는 신청할 수 없지만, 채무자로 표시한 근저당권설정등기는 신청할 수 있다.

   해설 ⑤ **민법상 조합**은 조합 자체로서는 당사자 적격이 없어 권리와 의무의 주체가 되지 못한다. 따라서 조합 자체로는 근저당권설정등기 절차에서 등기권리자와 등기의무자의 지위를 가질 수 없고, 또한 채무자의 지위도 가질 수 없다.

7. 채권자 甲이 채권자대위권에 의하여 채무자 乙을 대위하여 등기신청하는 경우에 관한 설명으로 옳은 것을 모두 고른 것은? 제31회

   ㉠ 乙에게 등기신청권이 없으면 甲은 대위등기를 신청할 수 없다.
   ㉡ 대위등기신청에서는 乙이 등기신청인이다.
   ㉢ 대위등기를 신청할 때 대위원인을 증명하는 정보를 첨부하여야 한다.
   ㉣ 대위신청에 따른 등기를 한 경우, 등기관은 乙에게 등기완료의 통지를 하여야 한다.

   ① ㉠, ㉡   ② ㉠, ㉢   ③ ㉡, ㉣
   ④ ㉠, ㉢, ㉣   ⑤ ㉡, ㉢, ㉣

   해설 ㉡ 채권자 甲이 채권자대위권에 의하여 채무자 乙을 대위하여 등기신청하는 경우이므로 등기신청인은 乙이 아닌 甲이 되어야 한다.

Answer 6. ⑤   7. ④

07 등기신청정보

1 신청방법

등기의 신청은 1건당 1개의 부동산에 관한 신청정보를 제공하는 방법으로 하여야 한다. 다만, **등기목적과 등기원인이 동일한 경우**에는 여러 개의 부동산에 관한 **신청정보를 일괄**하여 **제공**하는 방법으로 할 수 있다.

> **보충학습** 일괄신청(등기목적과 등기원인이 동일한 경우)
>
> 1. 공동저당권설정등기
>   동일한 채권에 관하여 **여러 개의 부동산에 관한 공동저당권**의 설정·이전·변경·말소등기의 신청(소유자가 다른 경우 포함)
> 2. 소유권이전등기와 신탁등기
>   **신탁등기**와 해당 부동산에 관한 **권리의 설정, 보존, 이전** 또는 **변경등기**의 신청

2 공동소유

공유	2인 이상의 등기권리자가 하나의 부동산을 공유하고자 하는 경우에는 신청정보에 그 **지분을 기록하여야 한다.**
합유	합유등기의 경우에는 합유자의 지분을 등기기록에 표시하지 아니하므로 신청정보에 **지분을 기록할 필요가 없다.**

> **보충학습** 합유등기 총정리
>
> ① **민법상 조합**의 소유인 부동산을 등기할 경우, 조합원 전원의 **합유등기**를 하여야 한다.
> ② 합유등기를 하는 경우, 신청정보에 **합유자의 지분비율**을 기록하지 않는다.
> ③ 합유자 중 1인이 다른 합유자 전원의 동의를 얻어 합유지분을 **처분**하는 경우, **합유명의인변경**등기를 신청하여야 한다.
> ④ 2인의 합유자 중 1인이 **사망**한 경우,
>   잔존 합유자는 그의 단독 소유로 **합유명의인변경**등기를 신청할 수 있다.
> ⑤ 부동산의 **합유지분**에 대한 가압류(가처분)등기는 할 수 없다.

③ 등기의무자의 등기필정보 제공 여부

(1) 등기필정보를 가지고 있는 자가 등기의무자가 되어 등기를 신청하는 경우에는 등기신청정보에 등기의무자의 등기필정보를 제공하여야 한다(규칙 제43조).

(2) 등기의무자의 등기필정보는 등기신청정보의 첨부서면 기타란 여백에 부동산의 고유번호, 성명, 일련번호 및 비밀번호를 기록하는 방식으로 제공한다(등기예규 제1693호).

등기의무자의 등기필정보를 제공하는 경우	등기의무자의 등기필정보를 제공하지 않는 경우
① 공동신청하는 경우 • 소유권이전등기(매매·증여·유증)	① 단독신청하는 경우 • 소유권이전등기(상속·토지수용) • 소유권보존등기 • 등기명의인표시변경등기
② 승소한 등기의무자가 판결에 의하여 단독신청하는 경우	② 승소한 등기권리자가 판결에 의하여 단독신청하는 경우

보충학습 등기의무자의 등기필정보가 없는 경우 본인확인방법

등기필정보를 분실한 경우 이를 **재발급할 수는 없으며**, 아래와 같은 방법으로 대신하여야 한다.

확인조서	등기의무자 또는 그 법정대리인이 등기소에 **출석**하여 등기관으로부터 등기의무자임을 **확인**받아야 한다(법 제51조).
확인정보	등기신청인의 대리인이 등기의무자 또는 그 법정대리인으로부터 위임받았음을 확인한 경우에는 그 **확인서면**을 첨부정보로서 등기소에 제공하는 방식으로 등기의무자의 출석에 갈음할 수 있다.
공증서면	신청정보 중 등기의무자 등의 작성부분에 관하여 **공증**을 받아 이를 첨부정보로 등기소에 제공하는 방식으로 등기의무자의 출석에 갈음할 수 있다.

			소유권이전등기신청정보(매매)		
접수	년 월 일	처리인	등기관 확인		각종 통지
	제 호				

부동산의 표시(거래신고관리번호/거래가액)

【토지】: 소재, 지번, 지목, 면적
【건물】: 소재, 지번, 종류, 구조, 면적
 	
    1. 서울시 ○구 ○동 100번지
       대 300㎡
 	
    2. 서울시 ○구 ○동 100번지
       시멘트 벽돌조 슬래브지붕 2층 주택
       1층 150㎡
       2층 120㎡
 	
거래신고관리번호: 12345-2020-7-1234560   거래가액: 금 300,000,000원

등기의 목적	소유권이전
등기원인과 그 연월일	2025년 7월 7일 매매
이전할 지분	

구 분	성명 (상호·명칭)	주민등록번호 (등기용등록번호)	주소(소재지)	지분 (개인별)
등기 의무자	박 철 수	750826-1234567	서울시 ○구 ○동 100번지	
등기 권리자	김 영 희	801212-2234567	서울시 ○구 ○동 200번지	

시가표준액 및 국민주택채권매입금액		
부동산 표시	부동산별 시가표준액	부동산별 국민주택채권매입금액
1. 공동주택	금 200,000,000원	금 4,600,000원
국 민 주 택 채 권 매 입 총 액		금 4,600,000원
국 민 주 택 채 권 발 행 번 호		7506-20-0486-1288

취득세(등록면허세) 금 3,000,000원	지방교육세	금 300,000원
	농어촌특별세	금 1,950,000원
세 액 합 계	금 5,250,000원	

등 기 신 청 수 수 료	금 14,000원
	납부번호 : ○○-○○-○○○○○○○○-○
	일괄납부 : 건 원

등기의무자의 등기필정보

부동산고유번호	1102-2017-002634	
성명(명칭)	일련번호	비밀번호
박 철 수	A77C-L071-35J5	40-6567

첨 부 정 보

- 토지 · 건축물대장정보   1통
- 매매계약서   1통
- 주소증명정보【주민등록표】   각 1통

- 등록면허세영수필확인서   1통
- 부동산거래계약신고필증   1통
- 매매목록   1통

2025년   7월   10일

신청인

박   철   수 ㊞
김   영   희 ㊞

[등기소의 표시]   서울중앙 지방법원 등기국 귀중

등기신청안내서

등기신청안내서 – 소유권이전등기신청

1. 매매로 인한 소유권이전등기란

부동산매매계약에 의하여 소유권을 이전하는 등기로, 이 신청에서는 매수인을 등기권리자, 매도인을 등기의무자라고 합니다.

2. 등기신청방법

① 공동신청

매매계약서에 의한 등기신청인 경우에는 매도인과 매수인이 본인임을 확인할 수 있는 주민등록증 등을 가지고 직접 등기소에 출석하여 공동으로 신청함이 원칙입니다.

② 단독신청

등기절차의 이행 또는 인수를 명하는 판결에 의한 등기는 승소한 등기권리자 또는 등기의무자가 단독으로 신청할 수 있습니다.

③ 대리인에 의한 신청

등기신청은 반드시 신청인 본인이 하여야 하는 것은 아니고 대리인이 하여도 됩니다. 등기권리자 또는 등기의무자 일방이 상대방의 대리인이 되거나 쌍방이 제3자에게 위임하여 등기신청을 할 수 있으나, 변호사 또는 법무사가 아닌 자는 신청서의 작성이나 그 서류의 제출대행을 업(業)으로 할 수 없습니다.

3. 등기신청서 기재요령

※ 신청서는 한글과 아라비아 숫자로 기재합니다. 부동산의 표시란이나 신청인란 등이 부족할 경우에는 별지를 사용하고, 별지를 포함한 신청서의 각 장 사이에는 간인(신청서에 서명을 하였을 때에는 각 장마다 연결되는 서명)을 하여야 합니다.

① 부동산의 표시란

매매목적물을 기재하되, 등기기록상 부동산의 표시와 일치하여야 합니다. 부동산이 토지(임야)인 경우에는 토지(임야)의 소재와 지번, 지목, 면적을 기재하고, 건물인 경우에는 건물의 소재와 지번, 도로명주소(등기기록 표제부에 기록되어 있는 경우), 구조, 면적, 건물의 종류, 건물의 번호가 있는 때에는 그 번호, 부속건물이 있는 때에는 그 종류, 구조와 면적을 기재하면 됩니다. 부동산거래계약신고필증에 기재된 거래신고관리번호와 거래가액을 기재합니다.

② 등기원인과 그 연월일란

등기원인은 '매매'로, 연월일은 매매계약서상 계약일을 기재합니다.

③ 등기의 목적란

소유권 전부이전의 경우에는 '소유권이전'으로, 소유권 일부이전의 경우에는 '소유권 일부이전'으로 기재합니다.

④ 등기의무자란

매도인의 성명, 주민등록번호, 주소를 기재하되, 등기기록상 소유자 표시와 일치하여야 합니다.

⑤ 등기권리자란

매수인을 기재하는 란으로, 그 기재방법은 등기의무자란과 같습니다.

⑥ 등기의무자의 등기필정보란

㉠ 소유권 취득에 관한 등기를 완료하고 '등기필정보 및 등기완료통지서(정중앙에 보안스티커가 부착되어 있음)'를 교부받은 경우, 그 '등기필정보 및 등기완료통지서' 상에 기재된 부동산고유번호, 성명, 일련번호, 비밀번호를 각 기재하고 '등기필정보 및 등기완료통지서'를 제출하는 것이 아닙니다. 또한 이미 사용했던 비밀번호는 재사용을 못함을 유의(다만, 50개의 비밀번호를 모두 사용한 경우 사용했던 비밀번호를 재사용이 가능)하시기 바랍니다.

4. 등기신청서에 첨부할 서면

<신청인>

① 위임장

등기신청을 법무사 등 대리인에게 위임하는 경우에 첨부합니다.

② 매매계약서

계약으로 인한 소유권이전등기를 신청하는 경우에는 그 계약서에 기재된 거래금액이 1,000만원을 초과하는 경우에는 일정액의 전자수입인지를 첨부하여야 합니다.

③ 주민등록표초본(또는 등본)

㉠ 등기의무자의 주민등록표초본 또는 등본(각, 발행일로부터 3월 이내)을 첨부합니다.

㉡ 등기권리자의 주민등록표초본 또는 등본(각, 발행일로부터 3월 이내)을 첨부합니다.

④ 매매목록

거래신고의 대상이 되는 부동산이 2개 이상인 경우에 작성하고, 그 매매목록에는 거래가액과 목적부동산을 기재합니다. 단, 거래되는 부동산이 1개라 하더라도 여러 사람의 매도인과 여러 사람의 매수인 사이의 매매계약인 경우에는 매매목록을 작성합니다.

<시·구·군청, 읍·면 사무소, 동 주민센터>

⑤ 부동산거래계약신고필증

2006. 1. 1. 이후 작성된 매매계약서를 등기원인증서로 하여 소유권이전등기를 신청하는 경우에는 관할 관청이 발급한 거래계약신고필증을 첨부하여야 합니다.

> 기출

8. 등기의무자의 등기필정보의 제공에 관한 설명으로 틀린 것은? 제20회
   ① 등기의무자의 등기필정보는 등기신청정보에 부동산의 고유번호, 성명, 일련번호 및 비밀번호를 기록하는 방식으로 제공하여야 한다.
   ② 유증을 원인으로 하는 소유권이전등기를 신청할 경우에는 등기의무자의 등기필정보를 등기소에 제공할 필요가 없다.
   ③ 소유권보존등기 또는 상속으로 인한 소유권이전등기를 신청할 경우에는 등기의무자의 등기필정보를 등기소에 제공할 필요가 없다.
   ④ 승소한 등기권리자가 판결에 의하여 소유권이전등기를 신청할 경우에는 등기의무자의 등기필정보를 등기소에 제공할 필요가 없다.
   ⑤ 승소한 등기의무자가 단독으로 소유권이전등기를 신청할 경우에는 등기의무자의 등기필정보를 등기소에 제공하여야 한다.

   해설 ② 유증을 원인으로 하는 소유권이전등기를 신청하는 경우에는 등기의무자와 등기권리자가 **공동신청**하여야 하므로 등기의무자의 등기필정보를 등기소에 제공하여야 한다.

9. 등기신청에 관한 설명으로 틀린 것은? 제23회
   ① 공동신청이 요구되는 등기라 하더라도 다른 일방의 의사표시를 명하는 이행판결이 있는 경우에는 단독으로 등기를 신청할 수 있다.
   ② 甲소유의 부동산에 관하여 甲과 乙이 매매계약을 체결한 후 아직 등기신청을 하지 않고 있는 동안, 매도인 甲이 사망한 경우에는 상속등기를 생략하고 甲의 상속인이 등기의무자가 되어 그 등기를 신청할 수 있다.
   ③ 유증으로 인한 소유권이전등기는 수증자를 등기권리자, 유언집행자 또는 상속인을 등기의무자로 하여 공동으로 신청하여야 한다.
   ④ 같은 채권의 담보를 위하여 소유자가 다른 여러 개의 부동산에 대한 저당권설정등기를 신청하는 경우, 1건의 신청정보로 일괄하여 신청할 수 없다.
   ⑤ 甲, 乙, 丙 순으로 소유권이전등기가 된 상태에서 甲이 乙과 丙을 상대로 원인무효에 따른 말소판결을 얻은 경우, 甲이 확정판결에 의해 丙명의의 등기의 말소를 신청할 때에는 乙을 대위하여 신청하여야 한다.

Answer 8. ② 9. ④

08 기타 첨부정보

1 토지거래허가정보 · 농지취득자격증명정보

소유권이전등기	계약(매매 · 증여 · 교환)	토지수용 · 진정명의회복 · 상속 · 유증
토지거래허가정보	(○)	(×)
농지취득자격증명	(○)	(×)

2 도면 · 주소증명정보 · 부동산거래계약신고필증 · 매매목록

첨부정보	등기소에 제공하는 경우
도면	① 용익권설정의 범위가 **부동산의 일부**인 경우에는 그 부분을 표시한 **도면**을 첨부정보로서 등기소에 제공하여야 한다. ② 건물의 소유권보존등기를 신청하는 경우에 그 대지 위에 여러 개의 건물이 있을 때에는 그 대지 위에 있는 건물의 **소재도**를 첨부정보로서 등기소에 제공하여야 한다.
주소증명정보	① 새로 등기명의인이 되는 경우에는 **등기권리자**의 **주소증명정보**를 등기소에 제공하여야 한다. ② **소유권이전등기(매매)**를 신청하는 경우에는 **등기의무자**와 **등기권리자**의 **주소증명정보**를 모두 등기소에 제공하여야 한다.
부동산거래 계약신고필증	1개의 부동산에 대하여 매매계약서를 제공하여 소유권이전등기를 신청하는 경우에는 부동산거래계약신고필증을 등기소에 제공하여야 한다.
매매목록	다음의 경우에는 매매목록을 첨부정보로 등기소에 제공한다. ① 1개의 신고필증에 2개 이상의 거래부동산이 기록되어 있는 경우, ② 신고필증에 기록되어 있는 거래부동산이 1개라 하더라도 수인과 수인 사이의 매매인 경우

09　접수

전자신청 접수	부동산등기시스템에서 전자신청이 접수되면 신청정보가 자동으로 접수되고 등기기록에 자동으로 기록되는 방식의 등기신청을 말한다.
방문신청 접수	당사자나 그 대리인 본인 또는 허가받은 법무사 등의 사무원이 직접 등기소에 **출석**하여 등기신청서를 **제출**하는 방식의 등기신청을 말한다.
전자표준양식 접수	**전자표준양식**(인터넷등기소에 접속하여 기록한 신청정보와 첨부정보)을 출력받은 다음, 등기소에 **출석**하여 이를 **제출**하는 방식의 등기신청을 말한다.

10　전산정보처리조직에 의한 등기신청(전자신청)

전자신청을 할 수 있는 자	① 사용자등록을 한 **자연인(외국인 포함)과 법인**은 전자신청을 **할 수 있다**. 다만, **법인 아닌 사단 또는 재단**은 그 단체의 전자증명서를 발급받을 수 있는 방법이 없어 전자신청을 **할 수 없다**. ② **자격자대리인**은 다른 사람을 대리하여 전자신청을 **할 수 있다**. 다만, 자격자대리인이 아닌 자는 전자신청을 **대리할 수 없다**.
사용자등록	① 사용자등록의 신청 　㉠ 전자신청을 하고자 하는 당사자 또는 자격자대리인은 등기소에 직접 출석하여 미리 사용자등록을 하여야 한다. 다만, **자격자대리인**에게 전자신청을 **위임**한 **당사자는 사용자등록을 할 필요가 없다**. 　㉡ 사용자등록 신청은 **관할**의 **제한**이 **없다**. ② 첨부서면 : 신청인은 **인감증명** 및 **주소증명서면**을 첨부하여야 한다. ③ 사용자등록의 유효기간 　㉠ 사용자등록의 유효기간은 **3년**으로 한다. 다만, **자격자대리인 외의 자**의 경우에는 그 **기간을 단축할 수 있다**. 　㉡ 한편, 사용자등록의 유효기간 만료일 **3개월 전부터 만료일**까지는 그 유효기간의 **연장**을 신청할 수 있다.

> 기출

10. 전산정보처리조직에 의한 등기신청(이하 '전자신청'이라 함)에 관련된 설명으로 틀린 것은?
제20회

① 사용자등록을 한 법무사에게 전자신청에 관한 대리권을 수여한 등기권리자도 사용자등록을 하여야 법무사가 대리하여 전자신청을 할 수 있다.
② 최초로 사용자등록을 신청하는 당사자 또는 자격자대리인은 등기소에 출석하여야 한다.
③ 전자신청을 위한 사용자등록은 전국 어느 등기소에서나 신청할 수 있다.
④ 법인 아닌 사단은 전자신청을 할 수 없다.
⑤ 사용자등록 신청서에는 인감증명을 첨부하여야 한다.

11. 등기신청에 관한 설명으로 옳은 것은?
제29회

① 외국인은 「출입국관리법」에 따라 외국인등록을 하더라도 전산정보처리조직에 의한 사용자등록을 할 수 없으므로 전자신청을 할 수 없다.
② 법인 아닌 사단이 등기권리자로서 등기신청을 하는 경우, 그 대표자의 성명 및 주소를 증명하는 정보를 첨부정보로 제공하여야 하지만 주민등록번호를 제공할 필요는 없다.
③ 이행판결에 의한 등기는 승소한 등기권리자 또는 패소한 등기의무자가 단독으로 신청한다.
④ 신탁재산에 속하는 부동산의 신탁등기는 신탁자와 수탁자가 공동으로 신청하여야 한다.
⑤ 전자표준양식에 의한 등기신청의 경우, 자격자대리인(법무사 등)이 아닌 자도 타인을 대리하여 등기를 신청할 수 있다.

해설 ① 외국인은 전산정보처리조직에 의한 사용자등록을 하여 전자신청을 할 수 있다.
② 법인 아닌 사단이 등기신청을 하기 위해서는 신청서에 법인 아닌 사단의 대표자 또는 관리인의 성명, 주소 및 주민등록번호를 기재하여야 한다.
③ 판결에 의한 등기는 승소한 등기권리자 또는 등기의무자가 단독으로 신청한다(법 제23조 제4항). 따라서 패소한 자는 등기신청을 할 수가 없다.
④ 신탁등기는 수탁자(受託者)가 단독으로 신청한다.

Answer 10. ① 11. ⑤

11 심사

법 제29조 각 호의 각하사유에 해당하면 그 등기신청을 각하하여야 한다.

12 등기완료 후의 절차

1 등기필정보의 작성·통지

① 등기관이 **새로운 권리에 관한 등기를 마쳤을 때**에는 등기필정보를 작성하여 등기권리자에게 통지하여야 한다. 한편, 등기필정보의 통지는 전자신청의 경우에는 전자적 방법으로, 방문신청의 경우에는 서면으로 된 등기필정보를 **교부하는 방법**으로 한다.
② 다음의 경우에는 등기필정보를 통지하지 아니한다(규칙 제109조).

구 분	등기필정보를 작성·통지하지 않는 경우
신청하지 않은 경우	① **등기관**이 직권으로 소유권보존등기를 한 경우
	② **채권자**가 등기권리자를 대위하여 등기신청을 한 경우
	③ **승소한 등기의무자**가 등기권리자 명의로 등기신청을 한 경우
	④ 공유자 중 **일부**가 공유자 **전원**을 등기권리자로 하는 등기를 신청한 경우 (단, **신청인**이 아닌 **등기명의인**을 위한 등기필정보로 한정함) ・신청인 - 통지○　　・신청인이 아닌 등기명의인 - 통지×
촉탁한 경우	**국가** 또는 **지방자치단체**가 등기권리자인 경우
원하지 않은 경우	① 등기권리자가 등기필정보의 통지를 **원하지 아니하는 경우** ② 등기를 마친 때부터 **3개월** 이내에 **수령하지 않은 경우**

2 등기완료통지서의 작성·통지

① 등기관이 등기를 완료한 때에는 등기완료통지서를 작성하여 신청인 등에게 알려야 한다.
② **행정구역 또는 그 명칭이 변경된 경우**에 등기관은 직권으로 부동산의 표시변경등기 또는 등기명의인의 주소변경등기를 할 수 있는데(규칙 제54조), 이 경우에는 등기명의인에게 등기완료통지를 할 필요가 없다.

3 물권변동적 효력

등기관이 등기를 마친 경우 그 등기는 **접수한 때**(**전산정보처리조직에 저장된 때**)**부터** 효력을 발생한다(법 제6조 제2항).

기출

12. 등기절차에 관한 설명으로 옳은 것은? 제27회
    ① 등기관의 처분에 대한 이의는 집행정지의 효력이 있다.
    ② 소유권이전등기신청시 등기의무자의 주소증명정보는 등기소에 제공하지 않는다.
    ③ 지방자치단체가 등기권리자인 경우, 등기관은 등기필정보를 작성·통지하지 않는다.
    ④ 자격자대리인이 아닌 사람도 타인을 대리하여 전자신청을 할 수 있다.
    ⑤ 전세권설정범위가 건물 전부인 경우, 전세권설정등기 신청시 건물도면을 첨부정보로서 등기소에 제공해야 한다.

    해설 ① 등기관의 처분에 대한 이의는 집행정지의 효력이 없다.
    ② 소유권이전등기를 신청하는 경우에는 등기의무자의 주소증명정보를 등기소에 제공하여야 한다.
    ④ 자격자대리인이 아닌 사람은 타인을 대리하여 방문신청을 할 수는 있지만, 전자신청을 할 수는 없다.
    ⑤ 전세권설정등기신청시 전세권설정범위가 건물 일부인 경우에만, 건물도면을 첨부정보로서 등기소에 제공해야 한다.

13. 등기필정보에 관한 설명으로 틀린 것은? 제30회
    ① 승소한 등기의무자가 단독으로 등기신청을 한 경우, 등기필정보를 등기권리자에게 통지하지 않아도 된다.
    ② 등기관이 새로운 권리에 관한 등기를 마친 경우, 원칙적으로 등기필정보를 작성하여 등기권리자에게 통지해야 한다.
    ③ 등기권리자가 등기필정보를 분실한 경우, 관할 등기소에 재교부를 신청할 수 있다.
    ④ 승소한 등기의무자가 단독으로 권리에 관한 등기를 신청하는 경우, 그의 등기필정보를 등기소에 제공해야 한다.
    ⑤ 등기관이 법원의 촉탁에 따라 가압류등기를 하기 위해 직권으로 소유권보존등기를 한 경우, 소유자에게 등기필정보를 통지하지 않는다.

Answer 12. ③ 13. ③

13 등기관의 처분에 대한 이의신청

관할	① 등기관의 결정 또는 처분에 이의가 있는 자는 그 결정 또는 처분을 한 등기관이 속한 **지방법원**(관할 지방법원)에 **이의신청**을 할 수 있다. ② 이의신청은 결정 또는 처분을 한 등기관이 속한 **등기소**에 **이의신청서**를 **제출**하거나 전산정보처리조직을 이용하여 **이의신청정보**를 보내는 **방법**으로 한다.
금지	① 결정 또는 처분시에 제출되지 아니한 **새로운 사실**이나 **새로운 증거방법**을 근거로 이의신청을 **할 수 없다**. ② 등기상 직접 이해관계를 가진 자이어야 한다. 따라서, **상속인이 아닌 자**는 상속등기가 위법하다 하여 이의신청을 **할 수 없다**.
절차	① 등기관은 이의가 이유있다고 인정되면 그에 해당하는 처분을 하여야 한다. ② 등기관은 이의가 이유 없다고 인정하면, 이의신청일부터 **3일 이내**에 의견을 붙여 이의신청서 또는 이의신청정보를 관할 **지방법원**에 보내고 이해관계 있는 자에게 알려야 한다.
기간	이의신청기간에는 **제한이 없으므로** 이의의 이익이 있는 한 언제라도 할 수 있다.
명령	① 관할 지방법원은 이의신청에 대하여 결정하기 전에 등기관에게 가등기 또는 이의가 있다는 뜻의 **부기등기**를 **명령**할 수 있다. ② 관할 지방법원은 이의가 이유 있다고 인정하면 등기관에게 그에 해당하는 처분을 **명령**하고 그 뜻을 이의신청인과 등기상 이해관계 있는 자에게 알려야 한다.
효력	이의에는 **집행정지의 효력이 없다**(법 제104조).

🔔 **이의신청**

【 갑 구 】		(소유권에 관한 사항)		
순위 번호	등기목적	접 수	등기원인	권리자 및 기타사항

3	소유권 이전	~~○년 ○월 ○일~~
		~~제3441호~~
			~~○년 ○월 ○일~~
			~~매매~~
				소유자 박 철 수
				   830519-1234567
				   서울 ~~○구 ○동 500~~

3-1	소유권 말소
	이의
		○년 ○월 ○일
		제2900호
			○년 ○월 ○일
			서울 중앙지방
			법원의 명령
				이의신청인 박 철 수
				   830519-1234567
				   서울 ○구 ○ 500

> 기출

14. 등기관의 결정 또는 처분에 대한 이의에 관한 설명으로 틀린 것을 모두 고른 것은? 제31회

> ㉠ 이의에는 집행정지의 효력이 있다.
> ㉡ 이의신청자는 새로운 사실을 근거로 이의신청을 할 수 있다.
> ㉢ 등기관의 결정에 이의가 있는 자는 관할 지방법원에 이의신청을 할 수 있다.
> ㉣ 등기관은 이의가 이유없다고 인정하면 이의신청일로부터 3일 이내에 의견을 붙여 이의신청서를 이의신청자에게 보내야 한다.

① ㉠, ㉢　　② ㉡, ㉣　　③ ㉠, ㉡, ㉣
④ ㉠, ㉢, ㉣　　⑤ ㉡, ㉢, ㉣

해설 ㉠ 이의신청이 있더라도 다른 등기의 집행을 정지하는 효력은 **없다**.
㉡ 이의신청자는 새로운 사실이나 새로운 증거방법을 근거로 이의신청을 할 수는 **없다**.
㉣ 등기관은 이의가 이유없다고 인정하면 이의신청일로부터 3일 이내에 의견을 붙여 이의신청서를 이의신청자가 아닌 **관할 지방법원**에 보내야 한다.

Answer 14. ③

Chapter 02 소유권에 관한 등기

01 소유권보존등기

1 소유권보존등기의 개시 유형

단독신청	미등기부동산의 **소유권을 원시취득한 자**는 소유권보존등기를 신청할 수 있다.
단독신청	① 공용부분으로 정한 규약을 폐지한 경우에 **공용부분 취득자**는 지체 없이 **소유권보존등기**를 신청하여야 한다. ② 공용부분 취득자 명의로 소유권보존등기를 하였을 경우, **등기관**은 **공용부분이라는 뜻의 등기를 말소**하는 표시를 하여야 한다.
대위신청	甲이 미등기부동산을 乙에게 매도한 후 자기 앞으로의 소유권보존등기를 게을리 하는 때에는 乙이 甲의 소유권보존등기신청권을 대위할 수 있다.
직권	① 미등기부동산에 대하여 **법원**이 처분제한등기(**가압류·가처분·경매개시결정등기**) 또는 **주택임차권등기**를 **촉탁**한 경우, 등기관은 **직권**으로 **소유권보존등기**를 하여야 한다. ② 등기관이 직권으로 소유권보존등기를 마친 경우에는 등기명의인에게 **등기완료통지서**(등기필정보 ×)를 작성하여 통지하여야 한다.

🔔 등기관의 직권에 의한 소유권보존등기

【 갑 구 】　　　　　　　　(소유권에 관한 사항)

순위 번호	등기목적	접 수	등기원인	권리자 및 기타사항
1	소유권보존			소유자 **박철수** 　　　731024-1234567 　　　서울 성북구 돈암동 **가처분등기의 촉탁으로 인하여 직권등기**
2	**가압류**	○년○월○일 제4321호	서울민사지방법원의 가압류결정	**금지사항** 일체의 처분행위 금지 권리자 **김유진** 　　　서울 성동구 행당동 128

기출

15. 부동산등기에 관한 설명으로 틀린 것은?   제31회

① 규약에 따라 공용부분으로 등기된 후 그 규약이 폐지된 경우, 그 공용부분 취득자는 소유권이전등기를 신청하여야 한다.
② 등기할 건물이 구분건물인 경우에 등기관은 1동 건물의 등기기록의 표제부에는 소재와 지번, 건물명칭 및 번호를 기록하고, 전유부분의 등기기록의 표제부에는 건물번호를 기록하여야 한다.
③ 존재하지 아니하는 건물에 대한 등기가 있을 때 그 소유권의 등기명의인은 지체 없이 그 건물의 멸실등기를 신청하여야 한다.
④ 같은 지번 위에 1개의 건물만 있는 경우에는 건물의 등기기록의 표제부에 건물번호를 기록하지 않는다.
⑤ 부동산환매특약은 등기능력이 인정된다.

해설 ① 규약에 따라 공용부분으로 등기된 후 그 규약이 폐지된 경우, 그 공용부분 취득자는 **소유권보존등기**를 신청하여야 한다.

16. 미등기 부동산에 대하여 직권에 의한 소유권보존등기를 할 수 있는 경우에 해당하는 것은 모두 몇 개인가?   제21회

- 압류등기의 촉탁
- 처분금지가처분등기의 촉탁
- 경매개시결정등기의 촉탁
- 가등기가처분등기의 촉탁
- 임차권등기명령에 따른 주택임차권등기의 촉탁
- 가압류등기의 촉탁

① 1개   ② 2개   ③ 3개
④ 4개   ⑤ 5개

해설 ④ 압류등기와 가등기(가처분등기)는 등기관이 직권으로 소유권보존등기를 할 수 있는 사유에 해당하지 않는다.

Answer 15. ①   16. ④

2 소유권보존등기를 신청할 수 있는 자

대장	① 대장에 최초의 소유자로 등록되어 있는 자 또는 포괄승계인	
	최초 소유자	① 대장에 **최초의 소유자**로 등록된 자는 소유권보존등기를 신청할 수 **있다**. ② 대장의 **최초 소유자**로부터 소유권을 **이전등록을 받은 자**는 소유권보존등기를 신청할 수 **없다**. ③ 미등기토지의 지적공부상 '국'으로부터 **이전등록을 받은 자**는 직접 자기명의로 소유권보존등기를 신청할 수 **있다**.
	포괄 승계인	① **상속인**은 자신 앞으로 직접 소유권보존등기를 신청할 수 **있다**. ② **포괄유증을 받은 자**는 자신 앞으로 직접 소유권보존등기를 신청할 수 **있다**. ③ **특정유증을 받은 자**는 자신 앞으로 직접 소유권보존등기를 신청할 수 **없다**.
판결서	② 판결에 의하여 자기의 소유권을 증명하는 자	
	판결 종류	소유권을 증명하는 **판결**은 등기신청인에게 소유권이 있음을 증명하는 것이면 충분하고, **그 종류에 관하여 아무런 제한이 없다**.
	토지 대장	토지대장의 소유자를 특정할 수 없는 경우에는 **국가**를 상대로 한 판결을 받아야 보존등기를 신청할 수 있다.
	건축물 대장	건축물대장의 소유자를 특정할 수 없는 경우에는 **시장·군수·구청장**을 상대로 한 판결을 받아야 한다.
협의서	③ 수용으로 인하여 소유권을 취득하였음을 증명하는 자 수용으로 인하여 소유권을 취득하였음을 증명하는 자는 소유권보존등기를 신청할 수 있다.	
사실 확인서	④ 특별자치도지사, 시장, 군수 또는 구청장의 확인에 의하여 자기의 소유권을 증명하는 자 **특별자치도지사, 시장, 군수 또는 구청장**의 확인에 의하여 자기의 소유권을 증명하는 자(사실확인서)는 **건물**의 소유권보존등기를 신청할 수 있다.	

핵심 노트+ 소유권보존등기를 신청할 수 있는 자

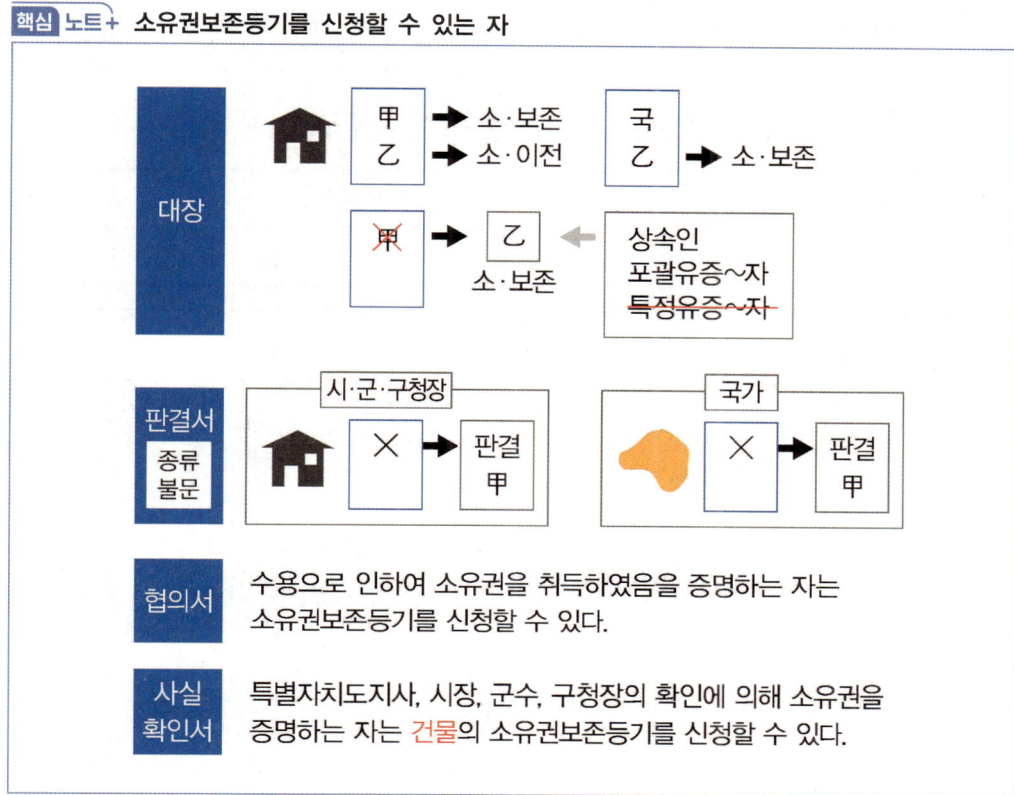

기출

17. 미등기 토지에 대하여 자기명의로 소유권보존등기를 신청할 수 없는 자는? 제18회
   ① 토지대장상 최초 소유자의 상속인
   ② 특별자치도지사, 시장, 군수 또는 구청장의 확인에 의하여 자기의 소유권을 증명하는 자
   ③ 판결에 의하여 자기의 소유권을 증명하는 자
   ④ 수용으로 인하여 소유권을 취득하였음을 증명하는 자
   ⑤ 미등기 토지의 지적공부상 '국(國)'으로부터 소유권이전등록을 받은 자

Answer 17. ②

③ 신청정보의 기록사항

소유권보존등기신청정보				
접수	년 월 일 제 호	처리인	등기관 확인	각종 통지

부동산의 표시
서울시 ○구 ○동 100 시멘트 벽돌조 스레트지붕 단층 주택 100m² 부속건물 시멘트 벽돌조 슬래브지붕 단층 창고 50m² - 이 상 -

등기의 목적	소유권보존
신청 근거 규정 **(등기원인 ×)**	법 제65조 제1호(대장)

	성명 (상호·명칭)	주민등록번호 (등기용등록번호)	주소 (소재지)	지분 (개인별)
신청인	김 창 수	770623-1256418	서울시 ○구 ○동 100	

시가표준액 및 국민주택채권매입금액		
부동산 표시	부동산별 시가표준액	부동산별 국민주택채권매입금액
1. 건 물	금 원	금 원
2.	금 원	금 원
국 민 주 택 채 권 매 입 총 액		금 원
국 민 주 택 채 권 발 행 번 호		
취득세(등록면허세) 금 ○○○,○○○원		지방교육세 금 ○○,○○○원
^		농어촌특별세 금 ○○,○○○원
세 액 합 계		금 ○○○,○○○원
등 기 신 청 수 수 료		금 15,000원
^		납부번호 : ○○-○○-○○○○○○○○-○
^		일괄납부 : 건 원
첨 부 서 면		
• 건축물(토지)대장등본 1통 • 주소증명정보【주민등록표등(초)본】 1통		• 취득세(등록면허세)영수필확인서 1통 • 등기신청수수료 영수필확인서 1통

○ 년 ○ 월 ○ 일

신청인   김 창 수 ㊞

서울중앙 지방법원 등기국 귀중

보충학습 **소유권보존등기신청정보의 작성방법**

① 소유권보존등기를 신청하는 경우에는 **등기원인과 그 연월일**은 신청정보의 내용으로 등기소에 **제공할 필요가 없다**.
② 소유권보존등기를 신청하는 경우, **등기의무자의 등기필정보**를 **제공하지 않는다**.
③ 소유권보존등기를 신청하는 경우에는 **주소증명정보**를 등기소에 **제공하여야 한다**.

기출

18. 소유권보존등기에 관한 설명으로 틀린 것은? (다툼이 있으면 판례에 따름) 제27회

① 甲이 신축한 미등기건물을 甲으로부터 매수한 乙은 甲 명의로 소유권보존등기 후 소유권이전등기를 해야 한다.
② 미등기토지에 관한 소유권보존등기는 수용으로 인해 소유권을 취득했음을 증명하는 자도 신청할 수 있다.
③ 미등기토지에 대해 소유권의 처분제한등기 촉탁이 있는 경우, 등기관이 직권으로 소유권보존등기를 한다.
④ 본 건물의 사용에만 제공되는 부속건물도 소유자의 신청에 따라 본 건물과 별도의 독립건물로 등기할 수 있다.
⑤ 토지대장상 최초의 소유자인 甲의 미등기토지가 상속된 경우, 甲 명의로 보존등기를 한 후 상속인 명의로 소유권이전등기를 한다.

19. 미등기인 부동산의 소유권보존등기에 관한 설명으로 틀린 것은? 제33회

① 등기관이 보존등기를 할 때에는 등기원인과 그 연월일을 기록해야 한다.
② 대장에 최초 소유자로 등록된 자의 상속인은 보존등기를 신청할 수 있다.
③ 수용으로 인하여 소유권을 취득하였음을 증명하는 자는 미등기토지에 대한 보존등기를 신청할 수 있다.
④ 군수의 확인에 의해 미등기건물에 대한 자기의 소유권을 증명하는 자는 보존등기를 신청할 수 있다.
⑤ 등기관이 법원의 촉탁에 따라 소유권의 처분제한의 등기를 할 때는 직권으로 보존등기를 한다.

20. 소유권보존등기에 관한 설명으로 옳은 것은? 제29회

① 보존등기에는 등기원인과 그 연월일을 기록한다.
② 군수의 확인에 의하여 미등기 토지가 자기의 소유임을 증명하는 자는 보존등기를 신청할 수 있다.
③ 등기관이 미등기 부동산에 관하여 과세관청의 촉탁에 따라 체납처분으로 인한 압류등기를 하기 위해서는 직권으로 소유권보존등기를 하여야 한다.
④ 미등기 토지에 관한 소유권보존등기는 수용으로 인하여 소유권을 취득하였음을 증명하는 자도 신청할 수 있다.
⑤ 소유권보존등기를 신청하는 경우 신청인은 등기소에 등기필정보를 제공하여야 한다.

해설 ① 소유권보존등기는 등기원인 및 그 연월일이 존재하지 않으므로 이를 기록하지 않는다.
② 군수의 확인에 의하여 미등기 건물이 자기의 소유임을 증명하는 자는 보존등기를 신청할 수 있다.
③ 미등기 부동산에 관하여 압류등기를 하기 위해서는 직권으로 소유권보존등기를 할 수 없다.
⑤ 소유권보존등기를 신청하는 경우에는 등기필정보를 제공할 필요가 없다.

Answer 18. ⑤ 19. ① 20. ④

02　소유권이전등기(매매)

1 첨부정보

등기원인증명	계약을 원인으로 한 소유권이전등기를 신청하는 때에는 **계약서** 또는 **확정판결정본**을 등기소에 제공하여야 한다.
농지취득자격	매매 등을 원인으로 하여 농지를 취득하고자 하는 자는 **농지취득자격증명**을 등기소에 제공하여야 한다.
토지거래허가	토지거래허가구역 내의 토지에 관한 소유권을 이전하는 계약을 체결하고자 하는 당사자는 **토지거래허가정보**를 등기소에 제공하여야 한다.
주소증명	소유권이전등기를 신청하는 경우에는 신청인의 **주소를 증명하는 정보**를 등기소에 제공하여야 한다.
대 장	소유권이전등기를 신청하는 경우에는 **대장등본** 기타 부동산의 표시를 증명하는 정보를 등기소에 제공하여야 한다.
부동산거래 계약신고필증	매매계약서를 등기원인증명정보로 하여 소유권이전등기를 신청하는 경우에는 **부동산거래계약신고필증**을 등기소에 제공하여야 한다.

【 갑 구 】			(소유권에 관한 사항)	
순위 번호	등기목적	접 수	등기원인	권리자 및 기타사항
1	소유권보존	○년○월○일 제3459호		소유자 **박철수** 800829-1234567 서울 동작구 흑석동
2	소유권이전	○년○월○일 제4200호	○년○월○일 **매매**	소유자 **김영희** 70181124-2234567 서울 용산구 갈월동

2 등기신청의무

부동산의 소유권이전을 내용으로 하는 계약을 체결한 자는 쌍무계약의 경우에는 **반대급부의 이행 완료일**로부터 **60일 이내**에, 편무계약의 경우에는 그 **계약의 효력 발생일**로부터 **60일 이내**에 소유권이전등기를 신청하여야 한다(특별조치법 제2조).

보충학습 등기신청의무기간 총정리

1. 부동산변경등기

| 신청기간 | 부동산변경등기(건물의 분할, 합병, 증축, 일부멸실, 구조변경/토지의 분할, 합병, 지목변경 등)는 소유권의 등기명의인이 그 사실이 있는 때부터 **1개월** 이내에 신청하여야 한다. |

2. 부동산멸실등기

| 신청기간 | ① 건물 또는 토지가 **멸실**된 경우에는 그 부동산의 소유권의 등기명의인은 그 사실이 있는 때부터 **1개월** 이내에 그 등기를 신청하여야 한다.
② **존재하지 아니하는 건물**에 대한 등기가 있을 때에는 그 소유권의 등기명의인은 **지체 없이** 그 건물의 멸실등기를 신청하여야 한다.
③ 소유권의 등기명의인이 1개월 이내에 멸실등기를 신청하지 아니하면 건물대지의 소유자가 **대위**하여 그 등기를 **신청**할 수 있다. |

3. 소유권보존등기 신청의무

| 신청기간 | ① 소유권보존등기를 신청할 수 있음에도 이를 하지 아니한 채 계약을 체결한 경우에는 그 **계약을 체결한 날부터 60일** 이내에 소유권보존등기를 신청할 것
② 계약을 체결한 후에 소유권보존등기를 신청할 수 있게 된 경우에는 **소유권보존등기를 신청할 수 있게 된 날부터 60일** 이내에 소유권보존등기를 신청할 것 |

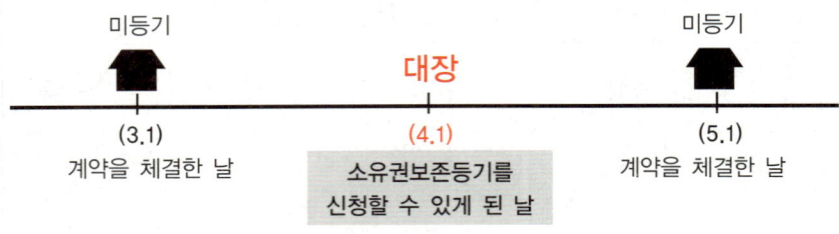

4. 소유권이전등기 신청의무

| 신청기간 | ① 매매계약을 한 경우에는 **잔금을 지급한 날부터 60일** 이내에 소유권이전등기를 신청할 것
② 증여계약을 한 경우에는 **증여계약의 효력이 발생한 날부터 60일** 이내에 소유권이전등기를 신청할 것 |

기출

21. 등기신청의무와 관련한 설명 중 옳은 것은? 　　제16회
① 부동산매매계약을 체결한 경우 매수인은 매매계약일로부터 60일 이내에 등기를 신청하여야 한다.
② 甲이 乙로부터 무상으로 토지를 증여받았다면 증여의 효력이 발생한 날로부터 60일 이내에 등기를 신청하여야 한다.
③ 건물을 신축할 경우 소유자는 준공검사일로부터 60일 이내에 보존등기를 신청하여야 한다.
④ 건물대지의 지번의 변경 또는 대지권의 변경이 있는 경우 소유자는 그 변경일로부터 60일 이내에 변경등기를 신청하여야 한다.
⑤ 토지의 지목변경이 있는 경우 그 토지 소유명의인은 60일 이내에 표시변경의 등기신청을 하여야 한다.

22. 甲은 乙에게 甲 소유의 X부동산을 부담 없이 증여하기로 하였다. 「부동산등기 특별조치법」에 따른 부동산소유권등기의 신청에 관한 설명으로 틀린 것은? (다툼이 있으면 판례에 따름) 　　제25회
① 甲과 乙은 증여계약의 효력이 발생한 날부터 60일 이내에 X부동산에 대한 소유권이전등기를 신청하여야 한다.
② 특별한 사정이 없으면, 신청기간 내에 X부동산에 대한 소유권이전등기를 신청하지 않아도 원인된 계약은 효력을 잃지 않는다.
③ 甲이 X부동산에 대한 소유권보존등기를 신청할 수 있음에도 이를 하지 않고 乙에게 증여하는 계약을 체결하였다면, 증여계약의 체결일이 보존등기 신청기간의 기산일이다.
④ X부동산에 관한 소유권이전등기를 신청기간 내에 신청하지 않고 乙이 丙에게 소유권이전등기청구권을 양도하여도 당연히 그 양도행위의 사법상 효력이 부정되는 것은 아니다.
⑤ 만일 甲이 乙에게 X부동산을 매도하였다면, 계약으로 정한 이행기가 그 소유권이전등기 신청기간의 기산일이다.

Answer　21. ②　22. ⑤

03 소유권이전등기(환매특약부 매매)

신청방법	① 소유권이전등기와 환매특약등기는 **동시에 신청**하여야 한다. ② 소유권이전등기와 환매특약등기는 **별개의 신청정보**(일괄신청 ×)로 신청하여야 한다. ③ 소유권이전등기를 **신청한 후에** 환매특약의 등기를 신청하면 법 제29조 제2호(사건이 등기할 것이 아닌 경우)에 해당하여 이를 **각하**하여야 한다.
신청인	① 환매특약등기는 **매도인**과 **매수인**이 **공동신청**하여야 한다. ② 매도인이 아닌 **제3자**를 환매권자로 하는 환매특약등기는 **할 수 없다**.
신청정보 내용	**매매대금** 및 **매매비용**은 필요적 기록사항이지만, **환매기간**은 등기원인에 그 사항이 정하여져 있는 경우에만 기록한다.
등기형식	환매특약등기는 매수인의 소유권이전등기에 **부기등기**로 하여야 한다.
말소등기	① 환매권을 행사하여 **권리취득등기**(소유권이전등기)를 하는 경우, **환매특약등기**는 등기관이 **직권말소**하여야 한다. ② 환매권을 행사하지 못하는 경우, **환매특약등기**는 매도인과 매수인이 **공동신청**하여 말소하여야 한다.

보충학습 말소등기신청의 허용 여부

진정명의회복을 원인으로 하는 소유권이전소송에서 승소한 자가 그 판결에 기하여 말소등기를 신청하는 것은 허용되지 아니한다(등기선례 제7-226호).

기출

23. 환매특약의 등기에 관한 설명으로 틀린 것은? 제33회

① 매매비용을 기록해야 한다.
② 매수인이 지급한 대금을 기록해야 한다.
③ 환매특약등기는 매매로 인한 소유권이전등기가 마쳐진 후에 신청해야 한다.
④ 환매기간은 등기원인에 그 사항이 정하여져 있는 경우에만 기록한다.
⑤ 환매에 따른 권리취득의 등기를 한 경우, 등기관은 특별한 사정이 없는 한 환매특약의 등기를 직권으로 말소해야 한다.

해설 ③ 소유권이전등기와 환매특약등기는 별개의 신청정보로 동시에 신청하여야 한다.

Answer 23. ③

04 소유권이전등기(토지수용)

1 토지수용의 효과

토지수용의 경우, 사업시행자가 재결 후 수용개시일까지 보상금을 지급 또는 공탁하면 사업시행자는 토지의 수용 개시일에 등기 없이 그 소유권을 원시취득하며, 그 토지에 관한 다른 권리는 소멸한다.

2 등기의 신청

신청인	사업시행자가 소유권이전등기를 **단독**으로 **신청**하여야 하며, 관공서가 사업시행자인 경우에는 그 관공서가 **단독**으로 **촉탁**하여야 한다.
신청정보 내용	등기원인은 '**토지수용**'으로, 등기원인일자는 '**수용개시일**'로 기록한다.
첨부정보	① 등기원인을 증명하기 위하여 **협의성립확인서** 또는 재결서를 등기소에 제공하여야 한다. 그러나 **검인**을 받을 필요는 없다. ② **토지거래허가정보**, **농지취득자격증명**은 등기소에 제공할 필요가 없다.

3 다른 권리의 직권말소

직권말소 ○	① 수용토지에 설정된 지상권·지역권·전세권·저당권·권리질권·임차권 및 가등기·압류·가압류·가처분등기 ② 수용개시일 이후에 경료된 소유권이전등기
직권말소 ×	① 그 부동산을 위하여 존재하는 **지역권**의 등기 ② 토지수용위원회의 **재결**로써 존속이 인정된 권리의 등기 ③ 수용개시일 **이전**에 마쳐진 **소유권이전등기** ④ 수용개시일 **이후**에 마쳐진 **상속등기**(단, 수용개시일 이전에 상속이 개시되었을 것)

4 재결의 실효

토지수용의 **재결실효**를 원인으로 하는 소유권이전등기의 **말소등기**는 **공동신청**하여야 한다.

【갑 구】		(소유권에 관한 사항)		
순위번호	등기목적	접 수	등기원인	권리자 및 기타사항
1	소유권보존	○년○월○일 제3459호		소유자 박 철수 서울 동작구 흑석동
2	소유권이전	○년○월○일 제43987호	수용개시일 (○년○월○일) 토지수용	소유자 대한민국 관리청 국토교통부

24. 토지수용으로 인한 소유권이전등기를 하는 경우, 그 토지에 있던 다음 등기 중 등기관이 직권으로 말소할 수 없는 것은? (단, 수용의 개시일은 2013. 4. 1.임) 　제24회

① 2013. 2. 1. 상속을 원인으로 2013. 5. 1.에 한 소유권이전등기
② 2013. 2. 7. 매매를 원인으로 2013. 5. 7.에 한 소유권이전등기
③ 2013. 1. 2. 설정계약을 원인으로 2013. 1. 8.에 한 근저당권설정등기
④ 2013. 2. 5. 설정계약을 원인으로 2013. 2. 8.에 한 전세권설정등기
⑤ 2013. 5. 8. 매매예약을 원인으로 2013. 5. 9.에 한 소유권이전청구권가등기

25. 소유권등기에 관한 내용으로 틀린 것은? 　제27회

① 민법상 조합은 그 자체의 명의로 소유권등기를 신청할 수 없다.
② 수용에 의한 소유권이전등기를 할 경우, 그 부동산의 처분제한등기와 그 부동산을 위해 존재하는 지역권등기는 직권으로 말소할 수 없다.
③ 멸실된 건물의 소유자인 등기명의인이 멸실 후 1개월 이내에 그 건물의 멸실등기를 신청하지 않는 경우, 그 건물대지의 소유자가 대위하여 멸실등기를 신청할 수 있다.
④ 집합건물의 규약상 공용부분에 대해 공용부분이라는 뜻을 정한 규약을 폐지한 경우, 공용부분의 취득자는 지체 없이 소유권보존등기를 신청해야 한다.
⑤ 수용에 의한 소유권이전등기 완료 후 수용재결의 실효로 그 말소등기를 신청하는 경우, 피수용자 단독으로 기업자명의의 소유권이전등기 말소등기신청을 할 수 없다.

해설 ② 수용에 의한 소유권이전등기를 할 경우, 그 부동산의 처분제한등기는 직권으로 말소하여야 한다.

Answer 24. ① 25. ②

05 소유권이전등기(진정명의회복)

신청정보 내용	진정명의회복을 원인으로 한 소유권이전등기신청정보에는 등기원인을 '**진정명의회복**'으로 기록하고, '**등기원인일자**'는 기록하지 아니한다.
첨부정보	① 진정명의회복을 원인으로 한 소유권이전등기를 신청하는 경우 **토지거래허가정보·농지취득자격증명**을 **첨부할 필요가 없다**. ② 진정명의회복을 원인으로 한 소유권이전등기를 신청하는 경우 등기원인을 증명하는 정보에 **검인**을 **받을 필요가 없다**.

【 갑 구 】		(소유권에 관한 사항)		
순위번호	등기목적	접 수	등기원인	권리자 및 기타사항
4	소유권이전	○년○월○일 제80983호	진정명의회복	소유자 김 영희 450812-1257654 서울 종로구 명륜동

기출

26. 진정명의회복을 위한 소유권이전등기에 관한 설명으로 옳은 것을 모두 고른 것은? 제35회

> ㉠ 진정명의회복을 원인으로 하는 소유권이전등기를 신청하는 경우, 그 신청정보에 등기원인 일자는 기재하지 않는다.
> ㉡ 토지거래허가의 대상이 되는 토지에 관하여 진정명의회복을 원인으로 하는 소유권이전등기를 신청하는 경우에는 토지거래허가증을 첨부해야 한다.
> ㉢ 진정명의회복을 위한 소유권이전등기청구소송에서 승소확정판결을 받은 자는 그 판결을 등기원인으로 하여 현재 등기명의인의 소유권이전등기에 대하여 말소등기를 신청할 수는 없다.

① ㉠ ② ㉡ ③ ㉠, ㉢
④ ㉡, ㉢ ⑤ ㉠, ㉡, ㉢

해설 ㉡ 토지거래허가의 대상이 되는 토지에 관하여 진정명의회복을 원인으로 하는 소유권이전등기를 신청하는 경우에는 토지거래허가증을 첨부할 필요가 없다.

Answer 26. ③

06 소유권이전등기(상속)

신청인	① 상속으로 인한 등기는 등기권리자만으로 이를 **단독신청**할 수 있다. ② 저당권설정자가 사망한 후 그의 상속인이 **상속을 포기할 수 있는 기간이라도** 당해 부동산의 저당권자(채권자)는 상속인 명의의 상속등기를 **대위신청**할 수 있다. ③ 공동상속인 중 1인은 **자기 지분**만에 관하여 상속등기를 신청할 수 **없다**. ④ 공동상속인 중 1인은 **전원 명의**의 상속등기를 신청할 수 **있다**. ※ **미등기부동산**을 상속받은 경우에는 **상속인** 앞으로 직접 **소유권보존등기**를 하여야 한다.
등기원인	① 등기원인은 '**상속**'으로, 등기원인일자는 '**상속개시일**'을 기록한다. ② **상속을 증명하는 정보**(가족관계증명서, 기본증명서)를 등기소에 제공하여야 한다.
첨부정보	① 공동상속인들 사이에 상속재산분할협의가 성립된 경우에는 **상속재산분할협의서**를 작성하여 등기소에 제공하여야 한다. ② **상속재산분할협의서**에는 상속인 전원이 기명날인하고, 상속인 전원의 **인감증명**을 등기소에 제공하여야 한다. 다만, **공정증서에 의한 상속재산분할협의서**를 제공하는 경우, 상속인들의 **인감증명**을 제출할 필요가 없다. ③ **토지거래허가정보·농지취득자격증명**는 등기소에 제공할 필요가 없다.

관할	다음의 경우에는 관할 등기소가 아닌 등기소도 그 등기사무를 담당할 수 있다.
	① **상속** 또는 **유증**으로 인한 **소유권이전등기**를 신청하는 경우
	② **상속등기를 마친 후 경정등기**를 신청하는 경우
	  • 법정상속분에 따라 **상속등기를 마친 후에** 상속재산 협의분할이 있는 경우
	  • 상속재산 협의분할에 따라 **상속등기를 마친 후에** 그 협의를 해제한 경우

핵심 노트+ 소유권이전등기(상속)

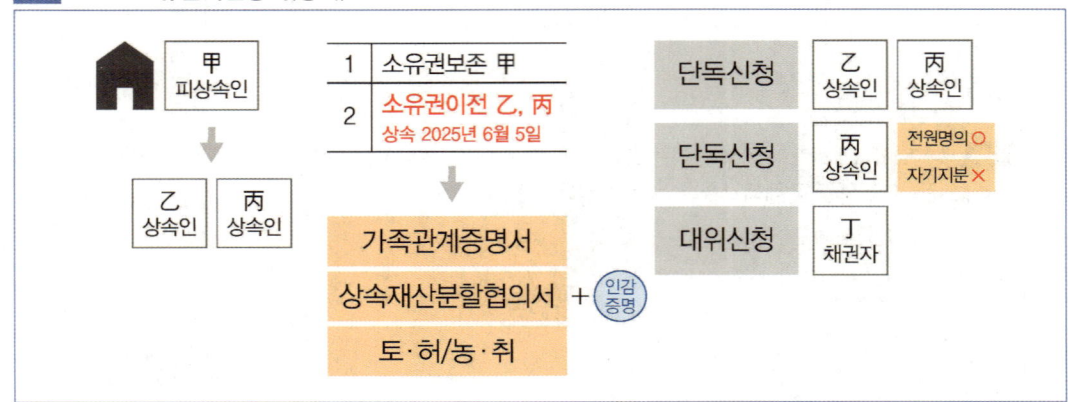

판례

법정상속분에 따라 **상속등기를 마친 후**에 상속재산협의분할을 한 경우에는 소유권의 **경정등기**를 신청하여야 한다.

☑ 상속등기의 경정

기출

27. 소유권이전등기에 관한 설명으로 옳은 것을 모두 고른 것은? 　　제29회

> ㉠ 甲이 그 명의로 등기된 부동산을 乙에게 매도한 뒤 단독상속인 丙을 두고 사망한 경우, 丙은 자신을 등기의무자로 하여 甲에서 직접 乙로의 이전등기를 신청할 수는 없다.
> ㉡ 甲소유 토지에 대해 사업시행자 乙이 수용보상금을 지급한 뒤 乙 명의로 재결수용에 기한 소유권이전등기를 하는 경우, 수용개시일 후 甲이 丙에게 매매를 원인으로 경료한 소유권이전등기는 직권 말소된다.
> ㉢ 협의분할에 의한 상속등기를 신청하는 경우에 상속을 증명하는 서면은 첨부하여야 하지만, 등기의무자의 등기필정보는 제공할 필요가 없다.
> ㉣ 甲소유 토지에 대해 甲과 乙의 가장매매에 의해 乙 앞으로 소유권이전등기가 된 후에 선의의 丙 앞으로 저당권설정등기가 설정된 경우, 甲과 乙은 공동으로 진정명의회복을 위한 이전등기를 신청할 수 없다.

① ㉠, ㉡　　② ㉠, ㉣　　③ ㉡, ㉢
④ ㉢, ㉣　　⑤ ㉡, ㉢, ㉣

해설 ㉠ 등기의무자가 사망한 경우에는 상속인이 등기의무자를 대위하여 신청할 수 있다.
㉣ 甲소유 토지에 대해 甲과 乙의 가장매매에 의해 乙 앞으로 소유권이전등기가 된 후에 선의의 丙 앞으로 저당권설정등기가 설정된 경우에는 소유권이전등기를 말소할 수 없다. 따라서 이 경우에 甲과 乙은 공동으로 진정명의회복을 위한 이전등기를 신청할 수 있다.

Answer　27. ③

07 소유권이전등기(유증)

1 신청방법

등기된 부동산	① 유증으로 인한 소유권이전등기는 **등기의무자**(유언집행자 또는 상속인)와 **등기권리자**(수증자)가 **공동신청**하여야 한다. ② 유증으로 인한 소유권이전등기는 **상속등기를 거치지 않고** 유증자로부터 수증자 명의로 **직접** 등기를 신청하여야 한다.
미등기 부동산	① 미등기부동산에 대하여 **포괄유증을 받은 자**는 자신 앞으로 직접 **소유권보존등기**를 신청할 수 **있다**. ② 미등기부동산에 대하여 **특정유증을 받은 자**는 자신 앞으로 직접 **소유권보존등기**를 신청할 수 **없다**. 따라서, 유언집행자는 상속인 명의로 먼저 **소유권보존등기**를 한 후에 특정유증을 받은 자 앞으로 **소유권이전등기**를 신청하여야 한다.
유류분	유증으로 인한 소유권이전등기 신청이 일부 상속인의 **유류분**을 **침해**하는 내용이라 하더라도 등기관은 이를 **수리하여야 한다**.
가등기	유언자가 **생존** 중인 경우에는 유증으로 인한 소유권이전청구권보전의 **가등기**를 신청할 수 **없다**(238쪽 참조).

2 신청정보 및 첨부정보

신청정보 내용	① 신청정보에 등기원인은 '**유증**'으로 기록하고, 등기원인일자는 '**유증자가 사망한 날**'을 기록한다. 다만, 조건이 붙은 경우에는 '**조건이 성취된 날**'을, 기한이 붙은 경우에는 '**기한이 도래한 날**'을 기록하여야 한다. ② 신청정보에는 **등기의무자의 등기필정보**를 기록하여 등기소에 **제공**하여야 한다.
등기원인 증명정보	유증을 원인으로 소유권이전등기를 신청하는 경우에는 **유언서**를 등기원인을 증명하는 정보로서 등기소에 제공하여야 한다.

핵심 노트+ 소유권이전등기(유증)

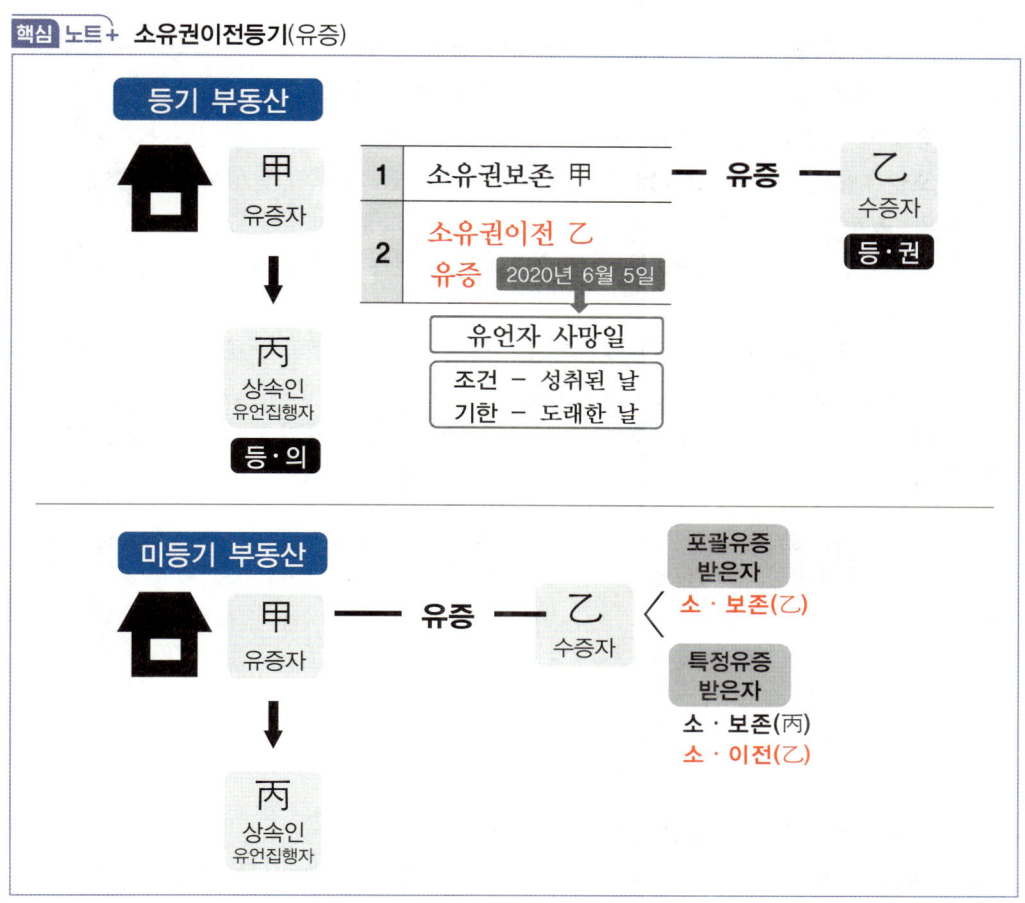

핵심 노트+ 소유권이전등기의 신청유형 총정리

구 분	신청방법	등기필정보 제공	등기원인	등기원인 증명정보	검 인
소유권보존등기	단독신청	×	×	×	×
소유권이전등기 (매매)	공동신청	○	매매	매매 계약서	○
소유권이전등기 (토지수용)	단독신청	×	토지수용	협의서 재결서	×
소유권이전등기 (상속)	단독신청	×	상속	가족관계 증명서	×
소유권이전등기 (유증)	공동신청	○	유증	유언서	×

> 기출

28. 유증으로 인한 소유권이전등기에 관한 설명으로 틀린 것은? 제24회
    ① 유증에 기한이 붙은 경우에는 그 기한이 도래한 날을 등기원인일자로 기록한다.
    ② 포괄유증은 수증자 명의의 등기가 없어도 유증의 효력이 발생하는 시점에 물권변동의 효력이 발생한다.
    ③ 유증으로 인한 소유권이전등기는 상속등기를 거쳐 수증자 명의로 이전등기를 신청하여야 한다.
    ④ 유증으로 인한 소유권이전등기 신청이 상속인의 유류분을 침해하는 내용이라 하더라도 등기관은 이를 수리하여야 한다.
    ⑤ 미등기 부동산이 특정유증된 경우, 유언집행자는 상속인 명의의 소유권보존등기를 거쳐 유증으로 인한 소유권이전등기를 신청하여야 한다.

    해설 ③ 유증으로 인한 소유권이전등기는 상속등기를 거치지 않고 유증자로부터 직접 수증자 명의로 등기를 신청하여야 한다. 상속등기를 거쳐 수증자 명의로 이전등기를 신청할 수는 없다.

29. 소유권이전등기에 관한 설명으로 틀린 것은? 제22회
    ① 재결수용의 경우 관공서가 아닌 기업자(起業者)는 소유권이전등기를 단독으로 신청할 수 없다.
    ② 진정명의회복을 원인으로 하는 소유권이전등기에는 등기원인일자를 기록하지 않는다.
    ③ 자신의 토지를 매도한 자는 매수인에 대하여 소유권이전등기의 인수를 청구할 수 있다.
    ④ 유증의 목적 부동산이 미등기인 경우에는, 상속인 명의로 먼저 소유권보존등기를 한 다음 특정적 유증을 받은 자 앞으로 소유권이전등기를 신청해야 한다.
    ⑤ 토지거래허가구역 내의 토지를 매매하였으나 그 후 허가구역지정이 해제되었다면, 소유권이전등기 신청시 다시 허가구역으로 지정되었더라도 그 신청서에 토지거래허가서를 첨부할 필요가 없다.

Answer 28. ③ 29. ①

08 소유권이전등기(신탁)

(1) 부동산 소유자인 위탁자가 그 부동산을 수탁자에게 수탁하고 수탁자는 소유자가 원하는 대로 부동산을 효과적으로 처분, 개발, 관리하는 제도를 말한다.

(2) 부동산 신탁의 목적에는, 처분을 목적으로 하는 **처분신탁**, 개발을 위한 **개발신탁**, 부동산의 관리를 목적으로 하는 **관리신탁**, 부동산의 담보설정을 목적으로 하는 **담보신탁** 등이 있다.

소유권이전등기 및 신탁등기신청정보

접수	년 월 일	처리인	등기관 확인	각종 통지
	제 호			

부동산의 표시

[토지]: 소재, 지번, 지목, 면적
[건물]: 소재, 지번, 종류, 구조, 면적

  1. 서울시 ○구 ○동 대 300m²

  2. 서울시 ○구 ○동
    시멘트 벽돌조 슬래브지붕 150m²

− 이 상 −

등기의 목적	소유권이전 및 신탁			
등기원인과 그 연월일	○년 ○월 ○일 신탁			
구 분	성명	주민등록번호	주소	지분
등기의무자	박 철수	○○○−○○○	서울시 ○구 ○동	
등기권리자 (신탁등기신청인)	김 영희	○○○−○○○	서울시 ○구 ○동	

보충학습 환매특약등기와 신탁등기 비교

2	소유권이전등기	동시신청 (○)
2−1	환매특약등기	일괄신청 (×)

2	소유권이전등기	동시신청 (○)
	신탁등기	일괄신청 (○)

핵심 노트+ 신탁등기 후 부동산을 처분하는 방법

① 신탁계약
- 甲 신탁 乙
- 위탁자 수탁자

	1	소유권보존 甲	
	2	소유권이전 乙	공·신 ┐ 일괄신청
		신탁 신탁원부 제123호	단·신 ┘ (동시신청)

② 전부처분

	1	소유권보존 甲	
	2	소유권이전 乙	
		신탁 신탁원부 제123호	
	3	소유권이전 丙	공·신 ┐ 일괄신청
		신탁 말소	단·신 ┘ (동시신청)

③ 일부처분

	1	소유권보존 甲	
	2	소유권이전 乙	
		신탁 신탁원부 제123호	
	3	소유권이전 丙 1/3	공·신 ┐ 일괄신청
		신탁 변경	단·신 ┘ (동시신청)

④ 주의사항

	1	소유권보존 甲	
	2	소유권이전 乙	
		신탁 신탁원부 제123호	
	2-1	이 부동산에 관하여 법률행위를 하는 경우에는 신탁 조항 등을 확인할 필요가 있음	등기관 (직권)

1 신청방법

단독신청	① 신탁재산에 속하는 부동산의 **신탁등기**는 수탁자가 **단독신청**한다. ② **신탁등기**의 **말소등기**는 수탁자가 **단독신청**한다.
동시신청 (일괄신청)	**신탁등기**는 해당 부동산에 관한 권리의 설정등기, 보존등기, 이전등기 또는 변경등기와 **일괄신청하여야 한다**.
대위신청	수익자나 위탁자는 수탁자를 **대위**하여 신탁등기를 신청할 수 있다. 다만, 이 경우에는 권리의 설정등기, 보존등기, 이전등기 또는 변경등기와 **일괄신청하지 아니한다**.

2 공동소유의 형태

합 유	수탁자가 여러 명인 경우에는 신탁재산이 **합유**인 뜻을 기록하여야 한다.

3 등기실행방식

하나의 순위번호	등기관이 권리의 이전 또는 보존이나 설정등기와 함께 신탁등기 또는 신탁등기의 변경등기를 할 때에는 **하나의 순위번호**를 사용하여야 한다.
전부처분	신탁재산이 전부 처분된 경우에는 소유권이전등기와 함께 신탁등기의 **말소등기**를 하여야 한다.
고유재산	신탁재산이 수탁자의 고유재산이 되었을 때에는 소유권이전등기와 함께 신탁등기의 **말소등기**를 하여야 한다.
일부처분	신탁재산이 일부 처분된 경우에는 소유권이전등기와 함께 신탁등기의 **변경등기**를 하여야 한다.

4 주의사항에 관한 등기

주의사항 (부기등기)	① 신탁재산이 소유권인 경우 등기관은 신탁재산에 속하는 부동산의 거래에 관한 **주의사항**을 신탁등기에 **부기등기**로 기록하여야 한다. ※ 부기등기에는 "이 부동산에 관하여 법률행위를 하는 경우에는 신탁의 목적, 수익자, 신탁재산의 관리 및 처분에 관한 신탁 조항 등을 확인할 필요가 있음"이라고 기록하여야 한다. ② 등기관이 신탁등기의 말소등기를 할 때에는 **주의사항의 부기등기**를 **직권**으로 **말소**하여야 한다.

기출

30. 신탁법에 따른 신탁의 등기에 관한 설명으로 옳은 것은? 　　제31회
① 수익자는 수탁자를 대위하여 신탁등기를 신청할 수 없다.
② 신탁등기의 말소등기는 수탁자가 단독으로 신청할 수 없다.
③ 하나의 부동산에 대해 수탁자가 여러 명인 경우, 등기관은 그 신탁부동산이 합유인 뜻을 기록하여야 한다.
④ 신탁재산에 속한 권리가 이전됨에 따라 신탁재산에 속하지 아니하게 된 경우, 신탁등기의 말소신청은 신탁된 권리의 이전등기가 마쳐진 후에 별도로 하여야 한다.
⑤ 위탁자와 수익자가 합의로 적법하게 수탁자를 해임함에 따라 수탁자의 임무가 종료된 경우, 신수탁자는 단독으로 신탁재산인 부동산에 관한 권리이전등기를 신청할 수 없다.

해설 ① 위탁자 또는 수익자는 수탁자를 **대위**하여 신탁등기를 **신청**할 수 있다.
② 신탁등기의 말소등기는 수탁자가 **단독**으로 **신청**할 수 있다.
④ 신탁등기의 말소신청은 신탁된 권리의 이전등기와 **동시에 신청**하여야 한다.
⑤ 수탁자를 해임함에 따라 수탁자의 임무가 종료된 경우, 신수탁자는 단독으로 신탁재산인 부동산에 관한 권리이전등기를 신청한다.

31. 신탁등기에 관한 설명으로 틀린 것은? 　　제27회
① 신탁등기시 수탁자가 甲과 乙인 경우, 등기관은 신탁재산이 甲과 乙의 합유인 뜻을 기록해야 한다.
② 등기관이 수탁자의 고유재산으로 된 뜻의 등기와 함께 신탁등기의 말소등기를 할 경우, 하나의 순위번호를 사용한다.
③ 수탁자의 신탁등기신청은 해당 부동산에 관한 권리의 설정등기, 보존등기, 이전등기 또는 변경등기의 신청과 동시에 해야 한다.
④ 신탁재산의 일부가 처분되어 권리이전등기와 함께 신탁등기의 변경등기를 할 경우, 각기 다른 순위번호를 사용한다.
⑤ 신탁등기의 말소등기신청은 권리의 이전 또는 말소등기나 수탁자의 고유재산으로 된 뜻의 등기신청과 함께 1건의 신청정보로 일괄하여 해야 한다.

Answer 30. ③ 31. ④

MEMO

소유권 외의 권리의 등기

01 지상권에 관한 등기

(소유권 외의 권리에 관한 사항)				
순위번호	등기목적	접 수	등기원인	권리자 및 기타사항
1	지상권 설정	○년○월○일 제2123호	○년○월○일 설정계약	**목적** 건물 소유 **범위** 토지의 일부 존속기간 ○년○월○일부터 30년 지　료 매월 말일 지상권자 **박 철수** 　　　　 880102-1037627 　　　　 서울 관악구 신림동
1-1	지상권 이전	○년○월○일 제24424호	○년○월○일 양도	지상권자 **김 영희** 　　　　 770304-1028612 　　　　 서울 종로구 원서동

보충·학습 지상권등기

① 토지의 **일부**에 지상권을 설정하는 경우에는 그 부분을 표시한 **도면**을 첨부정보로 등기소에 제공하여야 한다.
② **공유토지**에 지상권을 설정하는 경우에는 **공유자 전원**이 **등기의무자**가 된다.
③ 그 지상권의 행사를 위하여 토지소유자의 사용권을 제한하는 **특약을 하는 경우에는** 그 특약을 **기록하여야 한다**.
④ 지료 및 지료의 지급시기에 관한 **약정이 있으면** 신청정보에 이를 **기록하여야 한다**.
⑤ 상하의 범위가 중복되지 않는 한, **2개 이상의 구분지상권**도 그 토지의 등기기록에 각각 등기할 수 있다.
⑥ **구분지상권설정등기**는 토지의 **상하 범위를 구체적으로 기록**하여야 한다.

02 지역권에 관한 등기

🔔 **승역지 〈공동신청〉**

【 을 구 】		(소유권 외의 권리에 관한 사항)		
순위번호	등기목적	접 수	등기원인	권리자 및 기타사항
1	지역권 설정	○년○월○일 제83201호	○년○월○일 설정계약	**목적** 통행 **범위** 동측 50m² **요역지** 충남 ○군○면○리 110

🔔 **요역지 〈직권〉**

【 을 구 】		(소유권 외의 권리에 관한 사항)		
순위번호	등기목적	접 수	등기원인	권리자 및 기타사항
1	요역지 지역권			**승역지** 충남 ○군○면○리 111 **목적** 통행 **범위** 동측 50m² ○년○월○일 등기

보충학습 | 지역권설정등기

① 지역권설정등기는 **지역권설정자**(승역지 소유자)가 **등기의무자**, **지역권자**(요역지 소유자)가 **등기권리자**가 되어 승역지 등기기록에 공동신청하여야 한다.

승역지	• **승역지** 등기기록 ⇨ **공동신청** • 1필지의 **일부**에도 설정 가능
요역지	• **요역지** 등기기록 ⇨ **직권** • 1필지의 **전부**에만 설정 가능

② 등기관이 승역지에 지역권설정등기를 하고, **다른 부동산에 대하여 등기를 하여야 하는 경우**(요역지에 대한 지역권설정등기)에는 그 부동산의 **관할 등기소가 다른 때에도** 해당 등기를 할 수 있다.

③ 요역지에 관한 지역권은 소유권에 부종하는 권리이므로, 소유권이 이전되는 경우에는 별도의 **등기 없이도** 당연히 매수인에게 이전된다.

03 전세권에 관한 등기

【 을 구 】		(소유권 외의 권리에 관한 사항)		
순위 번호	등기목적	접 수	등기원인	권리자 및 기타사항
1	전세권 설정	○년○월○일 제9123호	○년○월○일 설정계약	전세금 1억원 범위 건물 전부 전세권자 박 철수 　　　　780402-1234567 　　　　서울 노원구 창동 120
1-1	1번 전세권 이전	○년○월○일 제5555호	○년○월○일 양도	전세권자 김 영희 　　　　880808-2234567 　　　　서울 송파구 잠실동 78

> **보충·학습** 전세권 이전등기
>
> ① 전세권의 이전등기는 전세권양도인이 등기의무자가 되고 전세권양수인이 등기권리자가 되어 공동신청한다. 전세권 이전등기는 **부기등기**로 하여야 한다.
> ② 전세권의 존속기간의 만료 등으로 **전세권이 소멸한 경우** 그 전세권은 전세금을 반환받는 범위 내에서 유효하고 **전세금반환채권의 전부** 또는 **일부를 양도할 수 있다.**
> ③ 전세금반환채권의 일부양도를 원인으로 한 전세권 일부이전등기를 할 때에는 **양도액**을 신청정보의 내용으로 등기소에 제공하여야 한다.
> ④ **전세권 일부이전등기의 신청**은 전세권의 **존속기간의 만료 전에는 할 수 없다.** 다만, 존속기간 만료 전이라 하더라도 해당 전세권이 소멸하였음을 증명하는 정보를 등기소에 제공한 경우에는 그러하지 아니하다.

> **보충·학습** 전세권등기에서 주의할 사항
>
> ① 건물전세권이 **법정갱신된 이후** 전세권을 이전하거나 전세권을 목적으로 저당권을 설정하기 위해서는 먼저 존속기간에 대한 **변경등기**를 하여야 한다.
> ② 전세권의 **존속기간의 시작일**이 **등기신청접수일자** 이전이라 하더라도 등기관은 전세권설정 등기신청을 수리하여야 한다.

04 임차권에 관한 등기

🔔 설정계약에 의한 경우

【 을 구 】		(소유권 외의 권리에 관한 사항)		
순위번호	등기목적	접 수	등기원인	권리자 및 기타사항
1	주택임차권 설정	○년○월○일 제31234호	○년○월○일 주택임차권 설정계약	임차보증금 금 1억원 **차임** 월 1백만원 **범위** 주택 전부 **존속기간** ○년○월○일까지 주민등록일자 ○년○월○일 점유개시일자 ○년○월○일 임차권자 김 영희

🔔 등기명령에 의한 경우

【 을 구 】		(소유권 외의 권리에 관한 사항)		
순위번호	등기목적	접 수	등기원인	권리자 및 기타사항
1	주택임차권	○년○월○일	○년○월○일 서울지방법원의 임차권등기명령 (99카기123)	임차보증금 1억원 차임 월 50만원 범위 주택 전부 **존속기간 없음** 임대차계약일자 ○년○월○일 확정일자 ○년○월○일 주민등록일자 ○년○월○일 점유개시일자 ○년○월○일 임차권자 김 영희

> **보충·학습** 임차권등기에 관한 업무처리 지침(등기예규 제1688호)
>
> ① **등기명령**에 따른 주택임차권등기가 마쳐진 경우, 그리고 **존속기간이 만료**된 경우에는 그 등기에 기초한 **임차권이전등기**나 **임차물전대등기**를 할 수 없다.
>
> ② **미등기부동산**에 대하여 **법원**이 소유권의 **처분제한등기(가압류·가처분·경매등기)** 또는 임차권등기명령에 따른 **주택임차권등기**를 **촉탁**한 경우, 등기관은 **직권**으로 **소유권보존등기**를 하여야 한다.

05 저당권에 관한 등기

【을 구】		(소유권 외의 권리에 관한 사항)		
순위번호	등기목적	접 수	등기원인	권리자 및 기타사항
1	저당권 설정	○년○월○일 제9123호	○년○월○일 설정계약	**채권액** 금 1억원 **채무자** 박 철수 　　　서울 강서구 방화동 80 **저당권자** (주)우리은행 　　　110111-2365321 　　　서울 강남구 신사동 120

🔔 저당권에 관한 등기신청 당사자

등기의 종류		등기의무자	등기권리자
저당권**설정**등기	설정계약	저당권설정자	저당권자
저당권**변경**등기	채권액 증액	저당권설정자	저당권자
	채권액 감액	저당권자	저당권설정자
저당권**이전**등기	양도계약	양도인	양수인
저당권**말소**등기	피담보채권 소멸	저당권자	저당권설정자

보충학습 | 저당권등기에서 주의할 사항

① 근저당권설정등기를 신청하는 경우에는 **채권최고액 · 채무자** 외에 **근저당권설정계약이라는 뜻**을 신청정보에 기록한다.

② 근저당권설정등기를 신청하는 경우 채권자가 여러 명인 때에도 채권최고액은 **단일하게** 기록하여야 하며, 채권자별로 **구분하여** 기록해서는 안 된다(예규 제1656호).

③ 등기관은 동일한 채권에 관하여 **5개 이상**의 부동산에 관한 권리를 목적으로 하는 저당권설정등기를 할 때에는 **공동담보목록**을 작성하여야 한다(법 제78조).
(**5개 이상**의 부동산에 관한 권리를 목적으로 하는 전세권설정등기 - **공동전세목록**)

④ 일정한 금액을 목적으로 하지 않는 채권을 담보하기 위한 저당권설정등기를 신청하는 경우, 그 **채권의 평가액**을 신청정보의 내용으로 등기소에 제공하여야 한다.

⑤ 저당권이전등기를 신청하는 경우에는 **저당권이 채권과 함께 이전한다는 뜻**을 신청정보의 내용으로 등기소에 제공하여야 한다.

보충학습 공동저당

1. 신청 및 실행 방법
   ① 공동저당설정등기 신청정보에는 **각 부동산에 관한 권리의 표시**를 기록하여 등기소에 제공하여야 한다.
   ② 등기관이 공동저당의 설정등기를 하는 경우, 각 부동산의 등기기록 중 해당 등기의 끝부분에 **공동담보라는 뜻**을 기록하여야 한다.

2. 공동저당의 대위등기(민법 제368조 제2항)
   등기관이 공동저당의 대위등기를 할 때에는 채권액과 채무자 외에 다음의 사항을 기록하여야 한다.
   ① 매각 **부동산**   ② 매각**대금**   ③ 선순위 저당권자가 변제받은 **금액**

🔔 신청정보의 필요적 기록사항 총정리

등기의 종류	필요적 기록사항		
환매특약등기	① 매매대금 ② 매매비용		
지상권등기	목적	범위	
지역권등기			• 요역지의 표시
전세권등기	전세금		
임차권등기	돈 차임		
저당권등기	채권액 채무자		
근저당권설정등기			• 근저당권이라는 뜻
공동저당의 대위등기			• 매각 **부동산** • 매각**대금** • 선순위 저당권자가 변제받은 **금액**

기출

32. 각 권리의 설정등기에 따른 필요적 기록사항으로 옳은 것을 모두 고른 것은? 제25회

㉠ 지상권: 설정목적과 범위, 지료
㉡ 지역권: 승역지 등기기록에서 설정목적과 범위, 요역지
㉢ 전세권: 전세금과 설정범위
㉣ 임차권: 차임과 존속기간
㉤ 저당권: 채권액과 변제기

① ㉠
② ㉡, ㉢
③ ㉡, ㉣, ㉤
④ ㉠, ㉢, ㉣, ㉤
⑤ ㉠, ㉡, ㉢, ㉣, ㉤

33. 용익권에 관한 등기에 대한 설명으로 틀린 것은? 제31회

① 시효완성을 이유로 통행지역권을 취득하기 위해서는 그 등기가 되어야 한다.
② 승역지에 지역권설정등기를 한 경우, 요역지의 등기기록에는 그 승역지를 기록할 필요가 없다.
③ 임대차 차임지급시기에 관한 약정이 있는 경우, 임차권 등기에 이를 기록하지 않더라도 임차권 등기는 유효하다.
④ 1필 토지의 일부에 대해 지상권설정등기를 신청하는 경우, 그 일부를 표시한 지적도를 첨부정보로서 등기소에 제공하여야 한다.
⑤ 전세금반환채권의 일부 양도를 원인으로 하는 전세권 일부이전등기의 신청은 전세권 소멸의 증명이 없는 한, 전세권 존속기간 만료 전에는 할 수 없다.

해설 ② 승역지에 지역권설정등기를 한 경우, 등기관은 요역지의 등기기록에 지역권의 목적, 범위 외에 승역지의 표시도 기록하여야 한다(법 제71조).

34. 甲은 乙과 乙 소유 A건물 전부에 대해 전세금 5억원, 기간 2년으로 하는 전세권설정계약을 체결하고 공동으로 전세권설정등기를 신청하였다. 이에 관한 설명으로 틀린 것은? 제32회
   ① 등기관은 전세금을 기록하여야 한다.
   ② 등기관은 존속기간을 기록하여야 한다.
   ③ 전세권설정등기가 된 후, 전세금반환채권의 일부 양도를 원인으로 한 전세권 일부이전등기를 할 때에 등기관은 양도액을 기록한다.
   ④ 전세권설정등기가 된 후에 건물전세권의 존속기간이 만료되어 법정갱신이 된 경우, 甲은 존속기간 연장을 위한 변경등기를 하지 않아도 그 전세권에 대한 저당권설정등기를 할 수 있다.
   ⑤ 전세권설정등기가 된 후에 甲과 丙이 A건물의 일부에 대한 전전세계약에 따라 전전세등기를 신청하는 경우, 그 부분을 표시한 건물도면을 첨부정보로 등기소에 제공하여야 한다.

   해설 ④ 건물전세권이 법정갱신된 경우 이는 법률규정에 의한 물권변동에 해당하여 전세권갱신에 관한 등기를 하지 아니하고도 전세권 설정자나 그 목적물을 취득한 제3자에 대하여 그 권리를 주장할 수 있으나, 등기를 하지 아니하면 이를 처분하지 못하므로, 갱신된 전세권을 다른 사람에게 이전하거나, 저당권을 설정하기 위해서는 먼저 전세권의 존속기간을 변경하는 등기를 하여야 한다(등기선례 제201805-6호).

35. 甲은 乙에게 금전을 대여하면서 그 담보로 乙소유의 A부동산, B부동산에 甲명의로 공동저당권설정등기(채권액 1억원)를 하였다. 그 후 丙이 A부동산에 대하여 저당권설정등기(채권액 5천만원)를 하였다. 乙의 채무불이행으로 甲이 A부동산에 대한 담보권을 실행하여 甲의 채권은 완제되었으나 丙의 채권은 완제되지 않았다. 丙이 甲을 대위하고자 등기하는 경우 B부동산에 대한 등기기록 사항이 아닌 것은? 제28회
   ① 채권액
   ② 존속기간
   ③ 매각대금
   ④ 매각 부동산
   ⑤ 선순위 저당권자가 변제받은 금액

Answer 32. ② 33. ② 34. ④ 35. ②

각종의 등기절차

01 변경등기

표제부	부동산의 변경등기	① **토지**의 분필, 합필, 지목변경 ② **건물**의 증축·일부멸실, 부속건물의 신축, 구조변경
갑구·을구	등기명의인표시 변경등기	**등기명의인**의 개명, 주소변경
	권리의 변경등기	① **전세권**의 전세금 증감, 존속기간 연장 ② **임차권**의 차임 증감, 존속기간 연장 ③ **저당권**의 채권액 변경, 채무의 변경

1 부동산의 (표시)변경등기

【 표 제 부 】		(건물의 표시)		
표시 번호	접 수	소재지번 및 건물번호	건물내역	등기원인 및 기타사항
1	○년○월○일	서울 서초구 서초동 10	목조기와지붕 2층주택 200m²	
2	○년○월○일	서울 서초구 서초동 10	목조기와지붕 **3층주택** 270m²	

> **핵심 노트+**
>
> ① 부동산변경등기는 등기권리자가 **단독신청**한다.
> ② 부동산변경등기는 그 변경을 증명하는 **건축물대장**(또는 토지대장) 정보를 첨부하여야 한다.
> ③ 부동산의 변경이 있는 경우에는 소유권의 등기명의인은 **1개월 이내**에 그 변경등기를 신청하여야 한다(과태료 ×).
> ④ 부동산변경등기는 **주등기**로 하여야 한다.
> ⑤ 부동산변경등기에 관한 **이해관계 있는 제3자의 승낙정보**는 제공할 필요가 없다.
> ⑥ 행정구역 또는 그 명칭이 변경된 경우에 등기관은 **직권**으로 부동산의 표시변경등기 또는 등기명의인의 주소변경등기를 할 수 있다.

> 기출

36. 변경등기에 관한 설명 중 옳은 것은?   제17회
   ① 건물의 구조가 변경된 경우에는 변경등기를 신청하기 전에 먼저 건축물대장의 기록사항을 변경하여야 한다.
   ② 행정구역 명칭의 변경이 있을 때에는 등기명의인의 신청에 의하여 변경된 사항을 등기하여야 한다.
   ③ 건물의 면적이 변경된 경우에는 부기등기의 방법에 의하여 변경등기를 한다.
   ④ 등기명의인의 표시를 변경하는 경우에는 등기권리자와 등기의무자가 공동으로 등기를 신청하여야 한다.
   ⑤ 건물의 구조가 변경되어 변경등기를 하는 경우에는 종전 사항을 말소하지 않는다.

   Answer 36. ①

② 등기명의인의 표시변경등기

【갑 구】		(소유권에 관한 사항)	
1	소유권보존		소유자 **박 철 수** 930724-1054137 서울 동작구 상도동 10
1-1	**등기명의인표시변경**	○년○월○일 **전거**	박철수의 주소 **서울 양천구 목동 30** 2024년 2월 3일 등기
2	소유권이전	○년○월○일 매매	소유자 **김 영 희** 990123-2362969 서울 서초구 서초동 60

> 핵심 노트+

① 등기명의인 표시변경등기는 등기의무자가 존재하지 아니하므로 해당 권리의 등기명의인이 **단독신청**한다.
② 소유권이전등기 신청시 등기의무자의 주소가 등기기록과 일치하지 아니하는 경우, 등기관은 **직권**으로 등기명의인표시의 변경등기를 하여야 한다.
③ 등기명의인표시변경등기는 **부기등기**로 하여야 한다.

3 권리의 변경등기

🔔 이해관계 있는 제3자의 승낙을 얻은 경우

【 을 구 】		(소유권 외의 권리에 관한 사항)	
1	전세권설정	전세금 1억원	전세권자 박 철수
2	저당권설정	채권액 1억원	저당권자 (주)우리은행
1-1	전세권변경	전세금 2억원	

🔔 이해관계 있는 제3자의 승낙을 얻지 못한 경우

【 을 구 】		(소유권 외의 권리에 관한 사항)	
1	전세권설정	전세금 1억원	전세권자 박 철수
2	저당권설정	채권액 1억원	저당권자 (주)우리은행
3	전세권변경	전세금 2억원	

핵심 노트+ 등기상 이해관계 있는 제3자의 승낙정보 총정리

변 경	**변경등기**에 관한 이해관계 있는 **제3자의 승낙을 받은 경우**에는 **부기등기**로 하여야 하고, **받지 못한 경우**에는 **주등기**로 해야 한다.
	변경등기에 관한 등기상 이해관계 있는 제3자가 있는 경우에는 **그 제3자의 승낙을 받아야 한다.** (×)
기 타	말소(직권경정·말소회복)등기에 관한 이해관계 있는 제3자가 있는 경우에는 **그 제3자의 승낙을 받아야 한다.** (○)

보충학습 등기상 이해관계 있는 제3자의 구체적 검토

1. 등기상 이해관계 있는 제3자에 해당하는 자
   ① 1번 전세권의 **전세금 증액**에 대한 2번 저당권자
   ② 1번 전세권의 **존속기간 연장**에 대한 2번 저당권자
2. 등기상 이해관계 있는 제3자에 해당하지 않는 자
   ① 1번 전세권의 **전세금 감액**에 대한 2번 저당권자
   ② 2번 전세권의 **전세금 증액**에 대한 1번 저당권자

기출

37. 부동산등기에 관한 설명으로 틀린 것은? 제24회

① 삭제
② 삭제
③ 권리의 **변경등기**를 할 때 등기상 이해관계 있는 제3자가 있으면, 그 제3자의 승낙을 얻어야 한다.
④ 등기된 건물이 멸실된 경우에는 건물소유권의 등기명의인만이 멸실등기를 신청할 수 있는 것은 아니다.
⑤ 등기관이 새로운 권리의 등기를 마친 경우에 등기필정보의 통지를 원하지 않은 등기권리자에게는 등기필정보를 통지하지 않아도 된다.

38. 권리에 관한 등기의 설명으로 틀린 것은? 제31회

① 등기부 표제부의 등기사항인 표시번호는 등기부 갑구(甲區), 을구(乙區)의 필수적 등기사항이 아니다.
② 등기부 갑구(甲區)의 등기사항 중 권리자가 2인 이상인 경우에는 권리자별 지분을 기록하여야 하고, 등기할 권리가 합유인 경우에는 그 뜻을 기록하여야 한다.
③ 권리의 **변경등기**는 등기상 이해관계가 있는 제3자의 승낙이 없는 경우에도 부기로 등기할 수 있다.
④ 등기의무자의 소재불명으로 공동신청할 수 없을 때 등기권리자는 민사소송법에 따라 공시최고를 신청할 수 있고, 이에 따라 제권판결이 있으면 등기권리자는 그 사실을 증명하여 단독으로 등기말소를 신청할 수 있다.
⑤ 등기관이 토지소유권의 등기명의인 표시변경등기를 하였을 때에는 지체 없이 그 사실을 지적소관청에 알려야 한다.

39. 전세권 등기에 관한 설명으로 틀린 것은? (다툼이 있으면 판례에 따름)   제33회
   ① 전세권 설정등기를 하는 경우, 등기관은 전세금을 기록해야 한다.
   ② 전세권의 사용·수익 권능을 배제하고 채권담보만을 위해 전세권을 설정한 경우, 그 전세권설정등기는 무효이다.
   ③ 집합건물에 있어서 특정 전유부분의 대지권에 대하여는 전세권설정등기를 할 수가 없다.
   ④ 전세권의 목적인 범위가 건물의 일부로서 특정 층 전부인 경우에는 전세권설정등기 신청서에 그 층의 도면을 첨부해야 한다.
   ⑤ 乙명의의 전세권등기와 그 전세권에 대한 丙명의의 가압류가 순차로 마쳐진 甲 소유 부동산에 대하여 乙명의의 전세권등기를 말소하라는 판결을 받았다고 하더라도 그 판결에 의하여 전세권말소등기를 신청할 때에는 丙의 승낙서 또는 丙에게 대항할 수 있는 재판의 등본을 첨부해야 한다.

40. 부동산등기에 관한 설명으로 옳은 것은?   제35회
   ① 유증으로 인한 소유권이전등기는 상속등기를 거치지 않으면 유증자로부터 직접 수증자 명의로 신청할 수 없다.
   ② 유증으로 인한 소유권이전등기 신청이 상속인의 유류분을 침해하는 내용인 경우에는 등기관은 이를 수리할 수 없다.
   ③ 상속재산분할심판에 따른 상속인의 소유권이전등기는 법정상속분에 따른 상속등기를 거치지 않으면 할 수 없다.
   ④ 상속등기 경료 전의 상속재산분할협의에 따라 상속등기를 신청하는 경우, 등기원인일자는 '협의분할일'로 한다.
   ⑤ 권리의 변경등기는 그 등기로 등기상 이해관계 있는 제3자의 권리가 침해되는 경우, 그 제3자의 승낙 또는 이에 대항할 수 있는 재판이 있음을 증명하는 정보의 제공이 없으면 부기등기로 할 수 없다.

41. 말소등기에 관련된 설명으로 틀린 것은?   제26회
   ① 말소등기를 신청하는 경우, 그 말소에 대하여 등기상 이해관계 있는 제3자가 있으면 그 제3자의 승낙이 필요하다.
   ② 근저당권설정등기 후 소유권이 제3자에 이전된 경우, 제3취득자가 근저당권설정자와 공동으로 그 근저당권말소등기를 신청할 수 있다.
   ③ 말소된 등기의 회복을 신청하는 경우, 등기상 이해관계 있는 제3자가 있을 때에는 그 제3자의 승낙이 필요하다.
   ④ 근저당권이 이전된 후 근저당권의 양수인은 소유자인 근저당권설정자와 공동으로 그 근저당권말소등기를 신청할 수 있다.
   ⑤ 가등기의무자는 가등기명의인의 승낙을 받아 단독으로 가등기의 말소를 신청할 수 있다.

42. 말소등기에 관한 설명 중 틀린 것은?   제18회
   ① 등기가 실체관계와 부합하지 않게 된 경우에 기존 등기의 전부를 소멸시킬 목적으로 하는 등기이다.
   ② 삭제
   ③ 전세권자가 소재불명이 된 경우 전세권설정자는 제권판결을 첨부하여 단독으로 전세권의 말소등기를 신청할 수 있다.
   ④ 저당권의 목적이 된 소유권의 말소등기에 있어서는 이해관계인인 저당권자의 동의가 필요하다.
   ⑤ 농지를 목적으로 하는 전세권설정등기가 실행된 경우 당사자의 신청이 있어야 말소할 수 있다.

Answer   37. ③   38. ③   39. ④   40. ⑤   41. ②   42. ⑤

02 경정등기

1 의 의

등기사항의 **원시적 일부 불일치**(착오 또는 빠진 사항)를 시정하는 등기이다.

> **보충학습** 경정등기 · 변경등기 · 말소등기의 구분
>
> ① 경정등기: 등기가 마쳐지기 전에 발생한 **원시적 일부 불일치**를 시정하는 등기
> ② 변경등기: 등기가 마쳐진 후에 발생한 **후발적 일부 불일치**를 시정하는 등기
> ③ 말소등기: 원시적 또는 후발적 사유로 등기사항 **전부**가 **불일치**하게 된 경우에 그 등기 전부를 소멸시킬 목적으로 하는 등기

2 직권에 의한 경정등기

① 등기사항의 착오나 빠진 부분이 등기관의 잘못으로 인한 것임을 발견한 경우에는 **지체 없이** 그 등기를 직권으로 경정하여야 한다.
다만, **경정등기**에 관한 등기상 이해관계 있는 **제3자가 있는 경우**에는 제3자의 승낙을 얻어야 한다.

② 등기관이 직권으로 경정등기를 하였을 때에는 그 사실을 등기권리자, 등기의무자 또는 등기명의인에게 알려야 한다. 다만, 등기권리자, 등기의무자 등이 각 **2인 이상**인 경우에는 그 중 **1인**에게 **통지**하면 된다.

> **판례**
> **권리의 종류, 주체, 객체를 잘못 적은 등기**는 경정등기를 할 수 없고, **말소등기**를 하여야 한다.

기출

43. ( )에 들어갈 단어가 순서대로 짝지어진 것은?   제15회

> 이미 종료된 등기의 절차에 착오 또는 빠진 사항이 있어 원시적으로 등기 일부와 실체관계 사이에 불일치가 생긴 경우, 이를 시정하기 위하여 하는 등기를 ( )라 한다. 이는 불일치 사유가 원시적이라는 점에서, 후발적 사유에 의하여 그 일부만을 보정하는 ( )와 구별된다. 한편 일단 유효하게 성립한 등기의 전부가 후에 부적법하게 된 경우에는 ( )를 하게 되며, 건물의 일부가 멸실한 때에는 ( )의 형식으로 등기기록에 구현된다.
>
> ㉠ 말소등기   ㉡ 경정등기   ㉢ 변경등기   ㉣ 멸실등기   ㉤ 회복등기

① ㉤, ㉡, ㉣, ㉢   ② ㉡, ㉢, ㉠, ㉢   ③ ㉢, ㉡, ㉠, ㉣
④ ㉡, ㉢, ㉣, ㉠   ⑤ ㉤, ㉡, ㉡, ㉣

44. 등기에 관한 설명으로 틀린 것은? (다툼이 있으면 판례에 따름)   제26회

① 등기원인을 실제와 다르게 증여를 매매로 등기한 경우, 그 등기가 실체관계에 부합하면 유효하다.
② 미등기부동산을 대장상 소유자로부터 양수인이 이전받아 양수인명의로 소유권보존등기를 한 경우, 그 등기가 실체관계에 부합하면 유효하다.
③ 전세권설정등기를 하기로 합의하였으나 당사자 신청의 착오로 임차권으로 등기된 경우, 그 불일치는 경정등기로 시정할 수 있다.
④ 권리자는 甲임에도 불구하고 당사자 신청의 착오로 乙명의로 등기된 경우, 그 불일치는 경정등기로 시정할 수 없다.
⑤ 건물에 관한 보존등기상의 표시와 실제건물과의 사이에 건물의 건축시기, 건물 각 부분의 구조, 평수, 소재, 지번 등에 관하여 다소의 차이가 있다 할지라도 사회통념상 동일성 혹은 유사성이 인식될 수 있으면 그 등기는 당해 건물에 관한 등기로서 유효하다.

Answer 43. ② 44. ③

03 말소등기

1 요건

① 말소등기는 등기사항의 **전부**가 **부적법**(불일치)할 것을 요건으로 한다.
② **말소등기의 말소등기**는 허용되지 아니한다.
③ **농지**를 목적으로 하는 **전세권설정등기**가 마쳐진 경우, 등기관은 **직권**으로 **말소**할 수 있다.
④ **말소등기**에 관한 이해관계 있는 **제3자가 있는 경우** 그 제3자의 승낙을 얻어야 한다.

2 등기의무자와 등기권리자의 지정

① 甲이 자신의 부동산에 설정해 준 乙명의의 저당권등기를 **말소**하는 경우,
등기의무자는 (乙)이고, **등기권리자**는 (甲)이다.
② 甲소유 부동산에 설정된 乙명의의 저당권을 丙에게 **이전**하는 등기를 하는 경우,
등기의무자는 (乙)이고, **등기권리자**는 (丙)이다.
③ 甲소유 부동산에 설정된 乙명의의 저당권을 丙에게 이전한 후, 그 저당권을 **말소**하는 경우,
등기의무자는 (丙)이고, **등기권리자**는 (甲)이다.

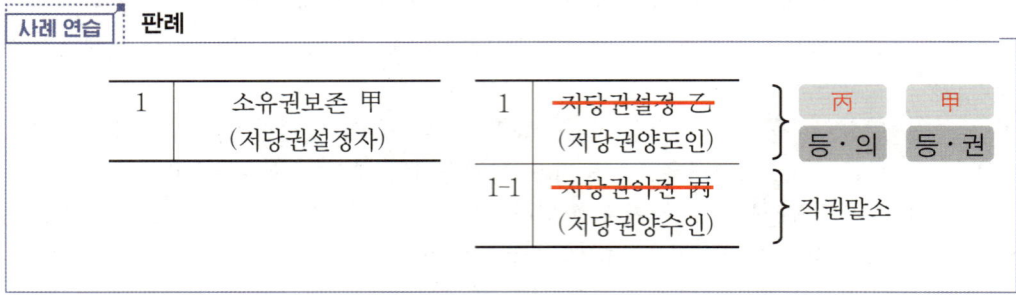

④ 甲소유 부동산에 대하여 乙명의의 근저당권설정등기, 丙명의의 소유권이전등기가 순차적으로 마쳐진 후에 乙명의의 근저당권을 **말소**하고자 하는 경우,
등기의무자는 (乙)이고, **등기권리자**는 (甲) 또는 (丙)이다.

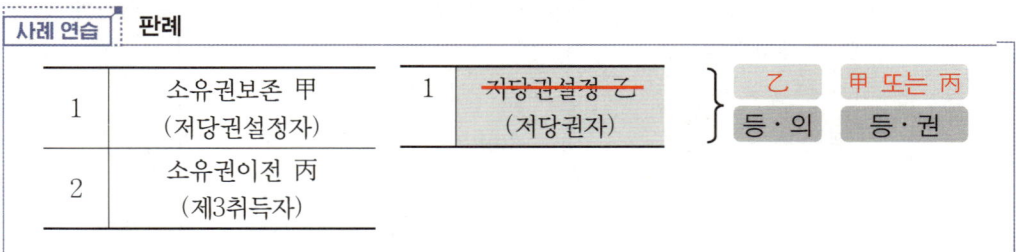

⑤ 부동산이 甲 ➡ 乙 ➡ 丙 순으로 매도되었으나 등기명의가 甲에게 남아 있어 丙이 乙을 대위하여 **소유권이전등기**를 신청하는 경우, **등기의무자**는 (甲)이고, **등기권리자**는 (乙)이다.

⑥ 甲 ➡ 乙 ➡ 丙 순으로 소유권이전등기가 이루어졌으나 乙 명의의 등기가 원인무효임을 이유로 甲이 丙을 상대로 丙 명의의 등기를 **말소**하라는 확정판결을 얻은 경우, 그 판결에 따른 등기에 있어서 **등기의무자**는 (丙)이고, **등기권리자**는 (乙)이다.

⑦ 채무자 甲에서 乙로 소유권이전등기가 이루어졌으나 甲의 채권자 丙이 사해행위임을 이유로 그 소유권이전등기의 **말소**를 명하는 판결을 받은 경우, 그 판결에 따른 등기에 있어서 **등기의무자**는 (乙)이고, **등기권리자**는 (甲)이다.

보충학습 말소등기에 관한 이해관계 있는 제3자의 정리 (대판 2011.4.15, 94다58988)

① 말소등기에 관한 이해관계 있는 제3자란 어떤 등기의 말소로 인하여 손해를 입을 염려가 있는 제3자를 의미한다. 예컨대 소유권을 말소하는 경우에는 소유권을 목적으로 하는 전세권자, 저당권자 등이 모두 이해관계 있는 제3자에 해당한다.
② 매매계약이 해제되어 소유권이전등기를 **말소**하는 경우에는, 말소등기에 관한 이해관계 있는 **제3자의 승낙을 얻어야 한다.**
③ **말소등기**에 관한 이해관계 있는 **제3자의 승낙**을 얻은 경우, 그 **제3자 명의의 등기**는 등기관이 **직권**으로 **말소**하여야 한다.

사례 연습 | 기출(제28회)

• 말소등기에 대하여 이해관계 있는 제3자의 승낙이 있는 경우, 그 제3자 명의의 등기는 등기권리자의 단독신청으로 말소된다. (×)

기출

45. 등기신청인에 관한 설명 중 옳은 것을 모두 고른 것은? 　　제33회

> ㉠ 부동산표시의 변경이나 경정의 등기는 소유권의 등기명의인이 단독으로 신청한다.
> ㉡ 채권자가 채무자를 대위하여 등기신청을 하는 경우, 채무자가 등기신청인이 된다.
> ㉢ 대리인이 방문하여 등기신청을 대리하는 경우, 그 대리인은 행위능력자임을 요하지 않는다.
> ㉣ 부동산에 관한 근저당권설정등기의 말소등기를 함에 있어 근저당권 설정 후 소유권이 제3자에게 이전된 경우, 근저당권설정자 또는 제3취득자는 근저당권자와 공동으로 그 말소등기를 신청할 수 있다.

① ㉠, ㉢　　② ㉡, ㉣　　③ ㉠, ㉢, ㉣
④ ㉡, ㉢, ㉣　　⑤ ㉠, ㉡, ㉢, ㉣

해설 ㉡ 채권자가 채무자를 대위하여 등기신청을 하는 경우에는, 채무자가 아닌 채권자가 등기신청인이 되어야 한다.

46. 말소등기에 관한 설명으로 틀린 것은? (다툼이 있으면 판례에 따름) 　　제28회

① 말소되는 등기의 종류에는 제한이 없으며, 말소등기의 말소등기도 허용된다.
② 말소등기는 기존의 등기가 원시적 또는 후발적인 원인에 의하여 등기사항 전부가 부적법할 것을 요건으로 한다.
③ 농지를 목적으로 하는 전세권설정등기가 실행된 경우, 등기관은 이를 직권으로 말소할 수 있다.
④ 피담보채무의 소멸을 이유로 근저당권설정등기가 말소되는 경우, 채무자를 추가한 근저당권 변경의 부기등기는 직권으로 말소된다.
⑤ 말소등기신청의 경우에 '등기상 이해관계 있는 제3자'란 등기의 말소로 인하여 손해를 입을 우려가 있다는 것이 등기기록에 의하여 형식적으로 인정되는 자를 말한다.

47. 등기권리자와 등기의무자에 관한 설명으로 틀린 것은? 　제30회

① 실체법상 등기권리자와 절차법상 등기권리자는 일치하지 않는 경우도 있다.
② 실체법상 등기권리자는 실체법상 등기의무자에 대해 등기신청에 협력할 것을 요구할 권리를 가진 자이다.
③ 절차법상 등기의무자에 해당하는지 여부는 등기기록상 형식적으로 판단해야 하고, 실체법상 권리의무에 대해서는 고려해서는 안 된다.
④ 甲이 자신의 부동산에 설정해 준 乙명의의 저당권설정등기를 말소하는 경우, 甲이 절차법상 등기권리자에 해당한다.
⑤ 부동산이 甲 ⇨ 乙 ⇨ 丙으로 매도되었으나 등기명의가 甲에게 남아 있어 丙이 乙을 대위하여 소유권이전등기를 신청하는 경우, 丙은 절차법상 등기권리자에 해당한다.

해설 ⑤ 부동산이 甲 ⇨ 乙 ⇨ 丙으로 매도되었으나 등기명의가 甲에게 남아 있어 丙이 乙을 대위하여 소유권이전등기를 신청하는 경우 등기의무자는 甲이고 등기권리자는 乙이다.

48. 절차법상 등기권리자와 등기의무자를 옳게 설명한 것을 모두 고른 것은? 　제31회

㉠ 甲 소유로 등기된 토지에 설정된 乙 명의의 근저당권을 丙에게 이전하는 등기를 신청하는 경우, 등기의무자는 乙이다.
㉡ 甲에서 乙로, 乙에서 丙으로 순차로 소유권이전등기가 이루어졌으나 乙 명의의 등기가 원인무효임을 이유로 甲이 丙을 상대로 丙 명의의 등기 말소를 명하는 확정판결을 얻은 경우, 그 판결에 따른 등기에 있어서 등기권리자는 甲이다.
㉢ 채무자 甲에서 乙로 소유권이전등기가 이루어졌으나 甲의 채권자 丙이 등기원인이 사해행위임을 이유로 그 소유권이전등기의 말소판결을 받은 경우, 그 판결에 따른 등기에 있어서 등기권리자는 甲이다.

① ㉡　　　　② ㉢　　　　③ ㉠, ㉡
④ ㉠, ㉢　　　⑤ ㉡, ㉢

해설 ㉡ 丙 명의의 소유권이전등기를 말소하는 경우이므로 등기의무자는 丙이고, 등기권리자는 甲이 아닌 乙이 되어야 한다.

Answer 45. ③　46. ①　47. ⑤　48. ④

04 말소회복등기

1 의의

(1) 등기의 전부 또는 일부가 원인 없이 **부적법**하게 **말소**된 경우 이를 회복하는 등기를 말한다.

(2) 등기가 원인 없이 말소되었다 하더라도 그 물권의 효력에는 아무런 영향이 없고, 그 회복등기가 마쳐지기 전이라도 말소된 등기의 등기명의인은 **적법한 권리자**로 **추정**된다.

(3) 말소회복등기는 종전의 등기와 **동일한 순위**와 **효력**을 갖는다.

2 요건 및 실행

요건	① 부적법하게 말소된 등기의 회복은 말소등기의 말소등기에 의할 수는 없고 반드시 말소회복등기에 의하여야 한다. ② **말소회복등기**에 관한 등기상 이해관계 있는 제3자가 있는 경우 **그 제3자의 승낙을 얻어야 한다**.
실행	① 전부 말소회복등기: 등기를 전부 회복하는 때에는 주등기로 하여야 한다. ② 일부 말소회복등기: 등기를 일부 회복하는 때에는 부기등기에 의한다.

> **보충학습** 말소회복등기에 관한 이해관계인이 판별의 기준시점
>
> 손해를 입을 우려가 있는지의 여부는 제3자의 '**말소등기시**'를 기준으로 하는 것이 아니라 '**회복등기시**'를 기준으로 판단하여야 한다.

05 멸실등기

신청방법	① 토지나 건물이 **멸실**한 경우에 그 소유명의인은 그 사실이 있는 때부터 **1개월** 이내에 멸실등기를 신청하여야 한다(법 제39조). ② **존재하지 않는 건물**에 대한 등기가 있는 때에는 그 소유권의 등기명의인은 지체 없이 건물의 멸실등기를 신청하여야 한다(법 제44조 제1항). ③ 건물이 멸실한 경우에 그 소유명의인이 **1개월** 이내에 그 등기를 신청하지 아니한 때에는 그 **건물대지의 소유자**가 **대위**하여 멸실등기를 신청할 수 있다.
실행	등기기록 중 표제부에 멸실의 뜻과 그 원인 또는 부존재의 뜻을 기록하고 표제부의 등기를 **말소하는 표시**를 한 후 그 등기기록을 **폐쇄**하여야 한다.

06 부기등기

(1) 등기관이 부기등기를 할 때에는 그 부기등기가 어느 등기에 기초한 것인지 알 수 있도록 주등기 또는 부기등기의 순위번호에 가지번호를 붙여서 하여야 한다(규칙 제2조).

(2) 하나의 주등기에 여러 개의 부기등기를 할 수 있고, 부기등기의 부기등기도 가능하다.

(3) 부기등기의 순위는 주등기의 순위에 의하고, 부기등기 상호간의 순위는 그 등기의 순서에 의한다.

구 분	주등기에 의하는 경우	부기등기에 의하는 경우
변 경	① 부동산(표시)**변경**등기 ② 이해관계인의 **승낙을 받지 못한** 권리의 **변경**등기	① 등기명의인의 표시**변경**등기 ② 이해관계인의 **승낙을 받은** 권리의 **변경**등기
보존 설정 이전	① 소유권**보존**등기 ② 소유권**이전**등기 ③ 소유권외 권리의 **설정**등기	② 소유권외 권리의 **이전**등기 ③ 지상권·전세권을 목적으로 하는 **저당권설정등기**
처분 제한	**소유권**의 **처분제한등기**	**소유권외 권리**의 **처분제한등기**
회 복	**전부**말소회복등기	**일부**말소회복등기
가등기	① 소유권이전청구권가등기	① 소유권외 권리이전청구권가등기 ② **가등기상의 권리의 이전등기**
특약 약정		① **특약·약정**에 관한 등기 　환매특약, 공유물불분할약정 ② 환매권**이전**등기 ⇨ 부기의 부기등기

> **보충·학습** 가등기상의 권리의 이전등기
>
> 乙이 甲 소유의 부동산에 대하여 매매를 원인으로 한 소유권이전청구권의 보전을 위하여 가등기를 한 후에 丙이 乙의 가등기상의 권리를 양수한 경우, **가등기상의 권리의 이전등기**를 가등기에 기한 **부기등기**의 형식으로 경료할 수 있다(대판 1998.11.19, 98다24105 전원합의체).

☑ 주등기와 부기등기의 실행 사례

변경등기	부동산변경등기		등기명의인표시변경	
	1	서울시 1층	1	소·보존 甲
	2	**부동산변경 2층**	**1-1**	**등기명의인표시변경 甲**
	권리의 변경등기 〈 승낙 ○ 〉		권리의 변경등기 〈 승낙 × 〉	
	1	저·설정 甲 1억	1	저·설정 甲 1억
	2	전·설정 乙 1억	2	전·설정 乙 1억
	1-1	**저·변경 甲 2억**	**3**	**저·변경 甲 2억**

소유권 ↓ 주등기	1	소·보존 甲	1	**전·설정 丙**
	2	소·이전 乙	2	**저·설정 丙**
	3	**가압류(가처분) 丁**	**3**	**임·설정 丙**

소유권외 권리 ↓ 부기등기	1	전·설정 乙	1	전·설정 乙
	1-1	**전·이전 丙**	**1-1**	**전전세 丙**
	1	전·설정 乙	1	전·설정 乙
	1-1	**가압류(가처분) 丙**	**1-1**	**저·설정 丙**

회복등기	일부말소회복등기		전부말소회복등기	
	1	전·설정 乙 1억	1	전·설정 乙 1억
	1-1	전·변경 2억	2	전·말소 丙
	1-2	**전·회복 乙 1억**	**3**	**전·회복 乙 1억**

가등기 특약(약정)	가등기상의 권리 이전등기		특약(약정)등기	
	1	소·보존 甲	1	소·보존 甲
	2	소·이전청구권가등기 乙	2	소·이전 乙
	2-1	**가등기상의권리 이전 丙**	**2-1**	**환매특약 甲**

기출

49. 저당권등기에 관한 설명으로 틀린 것은? 제24회
① 전세권은 저당권의 목적이 될 수 있다.
② 토지소유권의 공유지분에 대하여 저당권을 설정할 수 있다.
③ 저당권의 이전등기를 신청하는 경우에는 저당권이 채권과 같이 이전한다는 뜻을 신청정보의 내용으로 등기소에 제공하여야 한다.
④ 지상권을 목적으로 하는 저당권설정등기는 주등기에 의한다.
⑤ 저당권설정등기를 한 토지 위에 설정자가 건물을 신축한 경우에는 저당권자는 토지와 함께 그 건물에 대해서도 경매청구를 할 수 있다.

50. 부기등기할 사항이 아닌 것은? 제28회
① 저당권 이전등기
② 전전세권 설정등기
③ 부동산의 표시변경등기
④ 지상권을 목적으로 하는 저당권설정등기
⑤ 소유권 외의 권리에 대한 처분제한의 등기

51. 등기상 이해관계 있는 제3자가 있는 경우에 그 제3자의 승낙이 없으면 부기등기로 할 수 없는 것은? 제29회
① 환매특약등기
② 지상권의 이전등기
③ 등기명의인표시의 변경등기
④ 지상권 위에 설정한 저당권의 이전등기
⑤ 근저당권에서 채권최고액 증액의 변경등기

Answer 49. ④ 50. ③ 51. ⑤

07 가등기

1 가등기의 신청 및 말소방법

신청방법	공동	가등기의무자와 가등기권리자가 **공동신청**하는 것이 원칙이다.
	단독	① **가등기권리자**는 가등기의무자의 **승낙**을 받아 단독신청을 할 수 있다. ② **가등기권리자**는 부동산의 소재지 관할 법원의 **가등기가처분명령**을 받아 단독신청을 할 수 있다.
말소방법	공동	가등기의무자와 가등기권리자가 **공동신청**하는 것이 원칙이다.
	단독	① 소유권에 관한 **가등기명의인**은 가등기의 말소를 단독신청할 수 있다. ② **가등기의무자** 또는 **이해관계 있는 제3자**는 가등기명의인의 **승낙**을 받아 가등기의 말소를 단독신청할 수 있다.

보충학습 가등기와 관련한 주요 판례 및 예규 정리

① 토지거래계약허가증:「부동산 거래신고 등에 관한 법률」상의 허가가 요구되는 토지거래계약을 원인으로 하여 가등기를 신청할 때에는 토지거래계약허가증을 **첨부하여야 한다**.
② 농지취득자격증명: 농지에 대하여 소유권이전청구권보전의 가등기를 신청하는 경우에는 농지취득자격증명을 **첨부할 필요가 없다**.

2 가등기 가능여부

가등기는 소유권, 지상권, 지역권, 전세권, 저당권, 권리질권, 채권담보권, 임차권에 관한 설정·이전·변경·소멸의 청구권을 보전하려고 할 때 할 수 있다(규칙 제88조).

가등기가 가능한 경우	가등기가 불가능한 경우
① 채권적 청구권	① 물권적 청구권(소유권이전등기말소청구권)
② 시기부·정지조건부(사인증여)	② 종기부·해제조건부
③ 소유권이전등기	③ 소유권보존등기
④ 유언자가 **사망한 경우**, 유증에 의한 소유권이전청구권보전의 가등기	④ 유언자가 **생존 중인 경우**, 유증에 의한 소유권이전청구권보전의 가등기

보충학습 가등기와 관련한 주요 판례 및 예규 정리

① 甲이 자신의 토지에 대해 乙에게 소유권이전청구권 보전을 위한 가등기를 해준 뒤 丙에게 그 토지에 대해 소유권이전등기를 했더라도 가등기에 기한 본등기는 **甲**에게 청구해야 한다.
② 여러 사람의 가등기권리자 중 **1인**이 **자기 지분**만에 관한 본등기는 신청할 수 **있다**. 그러나, 1인이 **전원 명의**의 본등기는 신청할 수 **없다**.
③ **가등기의무자**가 **사망**한 경우에는 그 상속인은 **상속등기를 신청할 필요 없이** 가등기권리자와 공동으로 본등기를 신청할 수 있다.
④ **가등기권리자**가 **사망**한 경우에도 그 상속인은 가등기상의 권리의 **상속등기를 신청할 필요 없이** 곧바로 상속인 명의의 본등기를 신청할 수 있다.

3 가등기에 의한 본등기의 실행

(1) 가등기에 의한 본등기를 하는 경우에는 **별도의 순위번호는 기록하지 않고**, 가등기의 순위번호를 사용하여 본등기를 하여야 한다. 또한 본등기를 한 후에는 **가등기를 말소하지 않고** 그대로 두어야 한다.

(2) 가등기에 의한 본등기를 하는 경우, 본등기에 저촉되는 제3취득자 명의의 등기는 등기관이 **직권**으로 **말소**한다(대결 81마140).

(3) 등기관이 가등기 이후의 등기를 **직권말소한 경우**에는 말소하는 이유 등을 명시하여 **지체 없이** 말소된 권리의 등기명의인에게 **통지**하여야 한다(등기예규 제1338호).

① 직권말소 여부(소유권이전의 가등기에 의한 본등기)

소유권이전의 가등기		
중간등기 (가등기 후 본등기 전에 마쳐진 등기)	• 소유권이전등기 • 저당권설정등기 • 용익권설정등기(지상권 · 지역권 · 전세권 · 임차권) • 처분제한등기(가압류 · 가처분 · 경매개시결정)	직권말소 ○
	• 가등기상의 권리를 목적으로 하는 **가압류(가처분)등기** • 가등기권자에게 대항할 수 있는 **주택임차권등기**	직권말소 ×
소유권이전의 본등기		

핵심 노트 +

① **소유권**이전청구권보전의 가등기에 의한 **소유권**이전의 본등기를 한 경우 가등기 후 본등기 전에 마쳐진 **모든 등기**(소유권, 저당권, 용익권, 가압류,…)는 직권말소한다.

② **소유권**이전청구권보전의 가등기에 의한 **소유권**이전의 본등기를 한 경우 가등기 후 본등기 전에 마쳐진 **가등기상의 권리를 목적으로 한 가압류(가처분)등기**는 직권말소할 수 없다.

③ **소유권**이전청구권보전의 가등기에 의한 **소유권**이전의 본등기를 한 경우 가등기 후 본등기 전에 마쳐진 **가등기권자에게 대항할 수 있는 주택임차권등기**는 직권말소할 수 없다.

🔔 본등기 이후에 직권말소되는 등기

【 갑 구 】		(소유권에 관한 사항)	
순위번호	등기목적	등기원인	권리자 및 기타사항
1	소유권보존		박철수
2	소유권이전청구권가등기	○년○월○일 매매예약	김영희
	소유권이전	○년○월○일 매매	김영희
~~3~~	~~소유권이전~~	~~○년○월○일 매매~~	~~이대백~~

② 직권말소 여부(용익권·저당권설정의 가등기에 의한 본등기)

중간등기	용익권·저당권설정의 가등기	
	양립할 수 **없는** 권리	직권말소 ○
	양립할 수 **있는** 권리	직권말소 ×
용익권·저당권설정의 본등기		

핵심 노트+

① **용익권**설정청구권보전의 가등기에 의한 용익권설정의 본등기를 한 경우, 가등기 후 본등기 전에 가등기와 동일한 부분에 마쳐진 **용익권**등기는 **직권말소한다**.

② **용익권**설정청구권보전의 가등기에 의한 용익권설정의 본등기를 한 경우, 가등기 후 본등기 전에 마쳐진 **저당권**설정등기는 **직권말소할 수 없다**.

③ **용익권**설정청구권보전의 가등기에 의한 용익권설정의 본등기를 한 경우, 가등기 후 본등기 전에 마쳐진 제3자 명의의 **소유권**이전등기는 **직권말소할 수 없다**.

④ **용익권**설정청구권보전의 가등기에 의한 용익권설정의 본등기를 한 경우, 가등기 후 본등기 전에 마쳐진 **처분제한등기(가압류·가처분)**는 **직권말소할 수 없다**.

⑤ **저당권**설정청구권보전의 가등기에 의한 저당권설정의 본등기를 한 경우, 가등기 후 본등기 전에 마쳐친 제3자 명의의 **저당권**설정등기를 **직권말소할 수 없다**.

⑥ **저당권**설정청구권보전의 가등기에 의한 저당권설정의 본등기를 한 경우, 가등기 후 본등기 전에 마쳐친 제3자 명의의 **소유권**이전등기는 **직권말소할 수 없다**.

⑦ **저당권**설정청구권보전의 가등기에 의한 저당권설정의 본등기를 한 경우, 가등기 후 본등기 전에 마쳐친 **처분제한등기(가압류·가처분)**는 **직권말소할 수 없다**.

4 가등기의 효력

순위보전 효력	가등기에 의한 본등기를 한 경우 본등기의 순위는 가등기의 순위에 의하므로 가등기는 **순위보전의 효력**을 가진다.
실체법상 효력	가등기 자체로는 **어떠한 실체법상의 효력도 인정되지 않는다**.
추정력	소유권이전청구권보전가등기가 있다 하더라도 소유권이전등기를 청구할 수 있는 어떤 법률관계가 있다고 **추정되지 않는다**.
소급적 효력	가등기에 의한 본등기를 하면 본등기의 **순위**는 **가등기한 때**로 소급하지만, **물권변동의 효력**은 **가등기한 때**로 소급하는 것이 아니라 **본등기 한 때**에 발생한다.

기출

52. 가등기에 관한 설명으로 틀린 것은? 　　제31회
① 가등기권리자는 가등기의무자의 승낙이 있는 경우에 단독으로 가등기를 신청할 수 있다.
② 가등기명의인은 단독으로 가등기의 말소를 신청할 수 있다.
③ 가등기의무자는 가등기명의인의 승낙을 받아 단독으로 가등기의 말소를 신청할 수 있다.
④ 부동산소유권이전의 청구권이 정지조건부인 경우에 그 청구권을 보전하기 위해 가등기를 할 수 있다.
⑤ 가등기를 명하는 가처분명령은 가등기권리자의 주소지를 관할하는 지방법원이 할 수 있다.

해설 ⑤ 가등기권리자는 자신의 주소지를 관할하는 법원이 아닌 목적 **부동산의 소재지를 관할하는 지방법원**이 하여야 한다.

53. 가등기에 관한 설명으로 틀린 것은? 　　제25회
① 가등기 후 본등기의 신청이 있는 경우, 가등기의 순위번호를 사용하여 본등기를 하여야 한다.
② 소유권이전등기청구권보전 가등기에 의한 본등기를 한 경우, 등기관은 그 가등기 후 본등기 전에 마친 등기 전부를 직권말소한다.
③ 임차권설정등기청구권보전 가등기에 의한 본등기를 마친 경우, 등기관은 가등기 후 본등기 전에 가등기와 동일한 부분에 마친 부동산용익권등기를 직권말소한다.
④ 저당권설정등기청구권보전 가등기에 의한 본등기를 한 경우, 등기관은 가등기 후 본등기 전에 마친 제3자 명의의 부동산용익권등기를 직권말소할 수 없다.
⑤ 가등기명의인은 단독으로 그 가등기의 말소를 신청할 수 있다.

해설 ② 등기관은 가등기 후 본등기 전에 마쳐진 등기 전부를 직권말소하는 것은 아니다.

54. X토지에 관하여 A등기청구권보전을 위한 가등기 이후, B-C의 순서로 각 등기가 적법하게 마쳐졌다. B등기가 직권말소의 대상인 것은? (A, B, C등기는 X를 목적으로 함) 　　제35회

　　　　A　　　　　 B　　　　　　　C
① 전세권설정 - 가압류등기　　 - 전세권설정본등기
② 임차권설정 - 저당권설정등기 - 임차권설정본등기
③ 저당권설정 - 소유권이전등기 - 저당권설정본등기
④ 소유권설정 - 저당권설정등기 - 소유권설정본등기
⑤ 지상권설정 - 가압류등기　　 - 지상권설정본등기

해설 ④ 소유권이전청구권가등기에 의한 소유권이전의 본등기를 하는 경우 저당권설정등기는 등기관이 직권으로 말소하여야 한다.

Answer 52. ⑤　53. ②　54. ④

08 등기신청의 각하사유(법 제29조)

제29조	각하사유	실행된 경우
제1호	사건이 그 등기소의 관할에 속하지 아니한 경우	**당연무효** (**직권말소**)
제2호	**사건이 등기할 것이 아닌 경우**	
제3호	신청할 **권한이 없는 자**가 신청한 경우	실체관계에 부합하면 **유효**
제4호	방문신청규정에 따라 등기를 신청할 때에 당사자나 그 대리인이 **출석하지 아니한 경우**	
제5호	신청정보의 제공이 대법원규칙으로 정한 **방식에 맞지 아니한 경우**	
제6호	신청정보의 부동산 또는 등기의 목적인 권리의 표시가 등기기록과 **일치하지 아니한 경우**	
제7호	신청정보의 등기의무자 표시가 등기기록과 **일치하지 아니한 경우** 다만 다음의 경우는 각하하지 아니한다. ① **포괄승계인**이 등기신청을 하는 경우 ② 신청정보와 등기기록의 등기의무자가 **동일인임을 확인**할 수 있는 경우 (**주소증명정보**를 **제공**한 경우)	
제8호	신청정보와 등기원인을 증명하는 정보가 **일치하지 아니한 경우**	
제9호	등기에 필요한 첨부정보를 **제공하지 아니한 경우**	
제10호	취득세, 등록면허세 또는 수수료를 내지 아니하거나 등기신청과 관련하여 다른 법률에 따라 부과된 의무를 **이행하지 아니한 경우**	
제11호	신청정보 또는 등기기록의 부동산의 표시가 토지대장·임야대장 또는 건축물대장과 **일치하지 아니한 경우**	

> **용어학습** 보 정
> ① 등기관은 **구두, 전화, 모사전송(FAX), 전자우편** 등의 방식으로 보정통지할 수 있다.
> ② **전자신청의 보정**은 **전산정보처리조직**을 이용해서 하여야 한다.

> **용어학습** 취 하
> ① 등기신청이 취하된 경우에는 그 등기신청서와 부속서류를 신청인 또는 대리인에게 **환부**하여야 한다.
> ② **전자신청의 취하**는 **전산정보처리조직**을 이용해서 하여야 한다.

09 사건이 등기할 것이 아닌 경우(법 제29조 제2호)

능력·근거	• **능력 없는** 권리에 대한 등기를 신청한 경우 • **근거 없는** 특약사항의 등기를 신청한 경우
분리	• 전유부분과 대지사용권의 **분리**처분 금지에 위반한 등기를 신청한 경우 • 저당권을 피담보채권과 **분리**하여 양도하는 등기를 신청한 경우
촉탁 ⇨ 신청	• 관공서·법원의 **촉탁**으로 실행되어야 할 등기를 **신청**한 경우 〈채권자 甲이 乙소유 부동산에 가압류(가처분·경매)등기를 신청한 경우〉
보존 ⇨ 보존	• 이미 **보존등기**된 부동산에 대하여 다시 **보존등기**를 신청한 경우

☑ 판례 및 예규

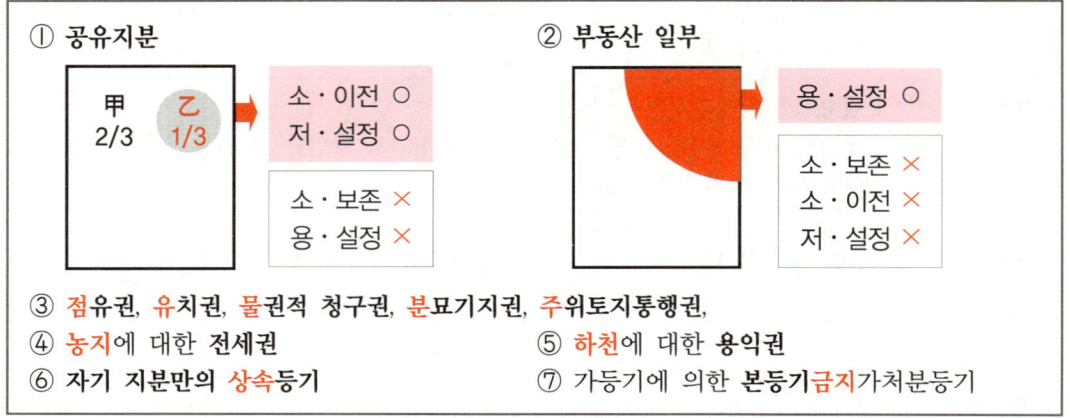

③ **점**유권, **유**치권, **물**권적 청구권, **분**묘기지권, **주**위토지통행권,
④ **농지**에 대한 **전세권**   ⑤ **하천**에 대한 **용익권**
⑥ 자기 지분만의 **상속**등기   ⑦ 가등기에 의한 **본등기금지**가처분등기

~ 등기할 수 없다. / ~ 직권말소하여야 한다.

사례 연습 | 기출 연습

• 위조된 인감증명에 의해 이루어진 소유권이전등기는 직권으로 말소하여야 한다. (×)
• 위조한 개명허가서를 첨부한 등기명의인표시변경등기는 직권으로 말소하여야 한다. (×)
• 소유권외의 권리가 등기된 일반건물에 대한 멸실등기는 직권으로 말소하여야 한다. (×)
• 형사재판에서 원인무효임이 판명된 소유권보존등기는 직권으로 말소하여야 한다. (×)
• 청산절차를 거치지 아니하여 첨부정보를 제공하지 아니한 채 담보가등기에 기초하여 이루어진 본등기는 직권으로 말소하여야 한다. (×)

10. 처분제한등기(경매, 가압류, 가처분) 총정리

1. 효력

가압류(가처분)등기가 마쳐진 부동산에 대해서도 소유권이전과 같은 처분행위를 할 수 있다. 다만, 이러한 **처분행위**에 대하여 그 상대방 및 제3자에 대해서는 등기의 **유효**를 주장할 수 있지만, 가압류채권자 또는 가처분채권자에게는 대항할 수 없다.

2. 주등기와 부기등기

구분	주등기에 의하는 경우	부기등기에 의하는 경우
처분제한등기	**소유권**의 처분제한등기 (가압류·가처분·경매등기)	**소유권외의 권리**의 처분제한등기 (가압류·가처분·경매등기)

3. 등기의 실행방식

경매	실행	경매개시결정등기는 집행법원이 등기소에 **촉탁**하여야 한다.
	말소	집행법원은 매수인이 매각대금을 다 낸 경우에는 매각에 따라 소멸한 권리와 경매개시결정등기의 말소등기 등을 등기관에게 **촉탁**하여야 한다.
가압류	실행	가압류등기는 가압류집행법원이 **촉탁**한다.
	말소	부동산이 제3자에게 매각된 경우 집행법원은 그 소유권이전등기를 **촉탁**하여야 한다. 이 경우 가압류등기의 말소등기도 함께 **촉탁**하여야 한다.
가처분	실행	가처분등기는 집행법원이 등기소에 **촉탁**하여야 한다.
	말소	승소한 가처분권자가 그 판결에 따른 소유권이전등기를 **단독신청**하는 경우, 그 가처분등기 이후에 마쳐진 제3자 명의로 된 등기의 말소등기도 동시에 **단독신청**하여야 한다. 한편, 해당 가처분등기는 등기관이 **직권말소**하여야 한다(예규 제1690호).

4. 공유지분과 합유지분에 대한 처분제한등기

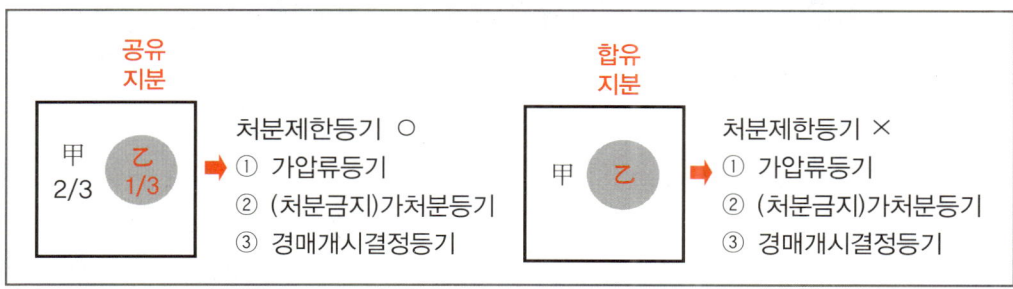

보충학습 가압류등기·경매개시결정등기 절차도

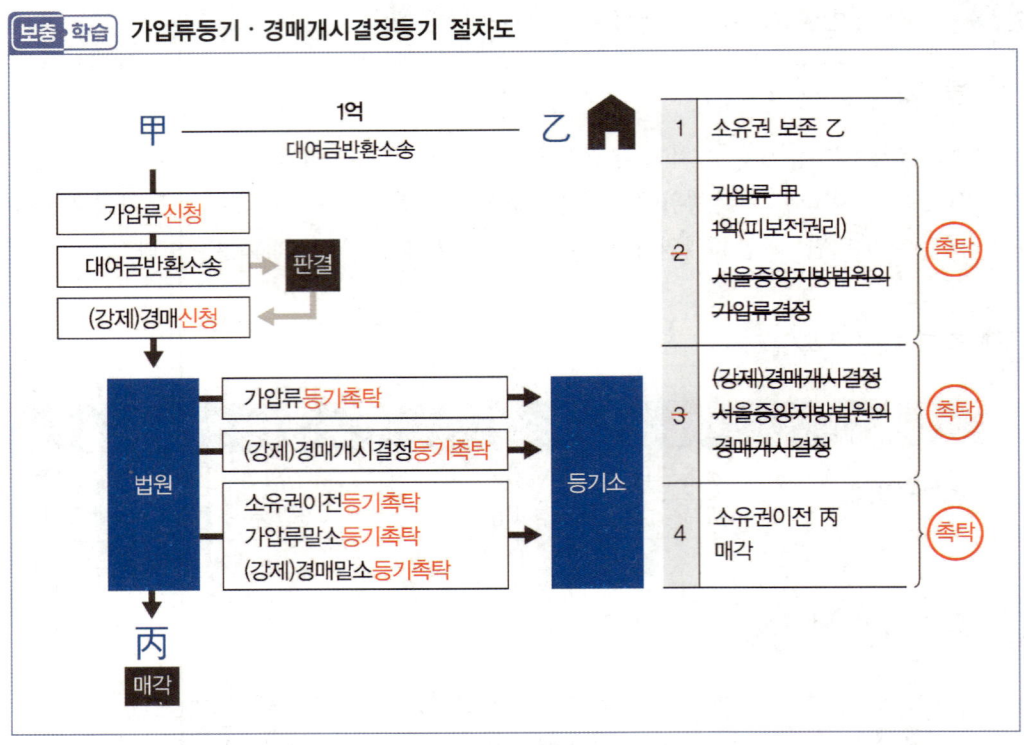

보충학습 가처분등기 절차도

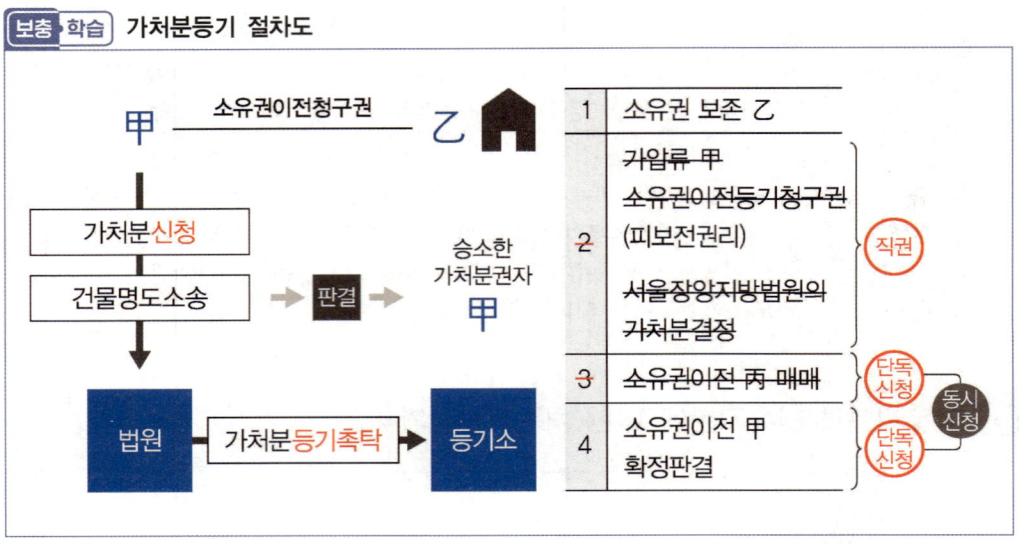

🔔 **등기기록**(가압류등기 및 강제경매개시결정등기)

【 갑 구 】			(소유권에 관한 사항)		
순위번호	등기목적	접 수	등기원인	권리자 및 기타사항	
2	소유권이전	년 월 일 제846호	○년○월○일 **매매**	소유자 박 철 수 850505-1234567 서울 중구 명동	
3	가압류	년 월 일 제889호	○년○월○일 서울지방법원 **가압류결정** 2020카단234	피보전권리 청구금액 1억원 채권자 김 영 희 880505-2234567 서울 서초구 서초동	촉탁
4	강제경매 개시 결정	년 월 일 제246호	○년○월○일 서울지방법원 **경매개시결정** 2020타경455	채권자 김 영 희 880505-2234567 서울 서초구 서초동	촉탁

【 갑 구 】			(소유권에 관한 사항)		
순위번호	등기목적	접 수	등기원인	권리자 및 기타사항	
2	소유권이전	년 월 일 제356호	○년○월○일 **매매**	소유자 박 철 수 850505-1234567 서울 중구 명동	
3	가압류	년 월 일 제889호	○년○월○일 서울지방법원 가압류결정 2020카단234	피보전권리 청구금액 1억원 채권자 김 영 희 880505-2234567 서울 서초구 서초동	촉탁
4	소유권이전	년 월 일 제211호	○년○월○일 **매매**	소유자 이 동 백 770505-1234567 서울 종로구 공평동	공동신청
5	강제경매 개시결정	년 월 일 제256호	○년○월○일 서울지방법원 경매개시결정 2020타경455	채권자 김 영 희 880505-2234567 서울 서초구 서초동	촉탁
7	소유권이전	년 월 일 제250호	○년○월○일 **강제경매로 인한 매각**	소유자 김 갑 동 900505-1234567 서울 종로구 원남동	촉탁

🔔 **등기기록**(처분금지가처분등기)

【갑 구】			(소유권에 관한 사항)		
순위번호	등기목적	접 수	등기원인	권리자 및 기타사항	
2	소유권이전	년 월 일 제4263호	○년○월○일 **매매**	소유자　박 철 수 850505-1234567 서울 중구 명동	
3	가처분	년 월 일 제5263호	○년○월○일 서울지방법원 가처분결정 2012카합100	피보전권리　소유권이전등기청구권 채권자　김 영 희 880505-2234567 서울 관악구 신림동 금지사항 양도, 담보권설정 기타 일체의 처분행위의 금지	촉탁

【갑 구】			(소유권에 관한 사항)		
순위번호	등기목적	접 수	등기원인	권리자 및 기타사항	
2	소유권이전	년 월 일 제4263호	○년○월○일 **매매**	소유자　박 철 수 850505-1234567 서울 중구 명동	
3	~~가처분~~	년 월 일 제526호	~~○년○월○일~~ ~~서울지방법원~~ ~~가처분결정~~ ~~2012카합100~~	~~피보전권리~~　~~소유권이전등기청구권~~ ~~채권자~~　~~김 영 희~~ ~~880505-2234567~~ ~~서울 관악구 신림동~~ ~~금지사항~~ ~~양도, 담보권설정 기타~~ ~~일체의 처분행위의 금지~~	직권
4	소유권이전	년 월 일 제2011호	~~○년○월○일~~ **매매**	소유자　이 동 백 770505-1234567 서울 종로구 공평동	단독 신청
5	소유권이전	년 월 일 제9797호	서울지방법원 확정판결	소유자　김 영 희 880505-2234567 서울 관악구 신림동	단독 신청

기출

55. 등기관이 등기신청을 각하해야 하는 경우를 모두 고른 것은? 제30회

> ㉠ 일부지분에 대한 소유권보존등기를 신청한 경우
> ㉡ 농지를 전세권의 목적으로 하는 등기를 신청한 경우
> ㉢ 법원의 촉탁으로 실행되어야 할 등기를 신청한 경우
> ㉣ 공동상속인 중 일부가 자신의 상속지분만에 대한 상속등기를 신청한 경우
> ㉤ 저당권을 피담보채권과 분리하여 다른 채권의 담보로 하는 등기를 신청한 경우

① ㉠, ㉡, ㉤
② ㉠, ㉢, ㉣
③ ㉠, ㉢, ㉣, ㉤
④ ㉡, ㉢, ㉣, ㉤
⑤ ㉠, ㉡, ㉢, ㉣, ㉤

56. 등기가 가능한 것은? 제24회

① 甲소유 농지에 대하여 乙이 전세권설정등기를 신청한 경우
② 甲과 乙이 공유한 건물에 대하여 甲지분만의 소유권보존등기를 신청한 경우
③ 공동상속인 甲과 乙 중 甲이 자신의 상속지분만에 대한 상속등기를 신청한 경우
④ 가압류결정에 의하여 가압류채권자 甲이 乙소유 토지에 대하여 가압류등기를 신청한 경우
⑤ 가등기가처분명령에 의하여 가등기권리자 甲이 乙소유 건물에 대하여 가등기신청을 한 경우

57. 등기신청의 각하 사유가 아닌 것은? 제26회

① 공동의 가등기권자 중 일부의 가등기권자가 자기의 지분만에 관하여 본등기를 신청한 경우
② 구분건물의 전유부분과 대지사용권의 분리처분 금지에 위반한 등기를 신청한 경우
③ 저당권을 피담보채권과 분리하여 양도하거나, 피담보채권과 분리하여 다른 채권의 담보로 하는 등기를 신청한 경우
④ 이미 보존등기된 부동산에 대하여 다시 보존등기를 신청한 경우
⑤ 법령에 근거가 없는 특약사항의 등기를 신청한 경우

Answer 55. ⑤ 56. ⑤ 57. ①

등기소 · 등기기록

01 등기소

구 분	의 의

관할
(신설)
	① 등기할 권리의 목적인 부동산의 소재지를 관할하는 **지방법원·동 지원** 또는 **등기소**를 말한다.
	② 관할 등기소가 다른 여러 개의 부동산과 관련하여 **등기목적**과 **등기원인**이 **동일**한 경우에는 그 중 하나의 관할 등기소에서 해당 신청에 따른 등기사무를 담당할 수 있다.
	③ 등기관이 승역지에 지역권설정등기를 하고, 다른 부동산에 대하여 등기를 하여야 하는 경우(요역지에 대한 지역권설정등기)에는 그 부동산의 관할 등기소가 다른 때에도 해당 등기를 할 수 있다.
	④ 등기관이 저당권설정등기를 한 후 동일한 채권에 대하여 다른 부동산에 관한 권리를 목적으로 하는 저당권설정등기를 하여야 하는 경우(공동저당권설정등기)에는 그 부동산의 관할 등기소가 다른 때에도 해당 등기를 할 수 있다.
	⑤ 다음의 경우에는 부동산의 **관할 등기소가 아닌 등기소**도 그 신청에 따른 등기사무를 담당할 수 있다.
	 ㉠ 상속 또는 유증으로 인한 소유권이전등기를 신청하는 경우
	 ㉡ 상속등기를 마친 후 경정등기를 신청하는 경우
	  • 법정상속분에 따라 **상속등기를 마친 후** 상속재산 협의분할이 있는 경우
	  • 상속재산 협의분할에 따라 **상속등기를 마친 후** 그 협의를 해제한 경우

정지	**대법원장**은 등기소에서 정상적인 등기사무의 처리가 어려운 경우에는 기간을 정하여 등기사무의 **정지**를 명령할 수 있다. ① 재난이 발생한 경우 ② 정전 또는 **정보통신망**의 **장애**가 발생한 경우
위임	교통사정, 등기업무량 등을 고려하여 **대법원장**은 어느 등기소의 관할에 속하는 사무를 다른 등기소에 **위임**하게 할 수 있다.
지정	1개의 부동산이 여러 구역에 걸쳐 있을 때에는 그 각 등기소를 관할하는 **상급법원의 장**으로부터 관할의 **지정**을 받은 등기소만이 관할권을 갖는다.

02 일반건물의 1등기기록 실행사례

고유번호 1355-2001-003654

【 표 제 부 】		(건물의 표시)		
표시번호	접 수	소재지번	건물내역	등기원인 및 기타사항
1	○년○월○일	서울시 서초구 서초동 100	시멘트벽돌 슬라브지붕 2층주택 120.34m^2	도면편철장 제5책 37면

【 갑 구 】		(소유권에 관한 사항)		
순위번호	등기목적	접 수	등기원인	권리자 및 기타사항
1	소유권보존	○년○월○일 제4562호		소유자 박 철수 850724-1234567 서울 동작구 상도동
2	소유권이전	○년○월○일 제3877호	○년○월○일 매매	소유자 김 영희 900521-2234567 서울 강남구 역삼동

【 을 구 】		(소유권 이외의 권리에 관한 사항)		
순위번호	등기목적	접 수	등기원인	권리자 및 기타사항
1	저당권설정	○년○월○일 제8755호	○년○월○일 설정계약	저당권자 (주)우리은행 110111-2365321 서울 강남 신사동 채 권 액 금 2억원 채 무 자 김 영희 서울 강남 역삼동
2	전세권설정	○년○월○일 제3123호	○년○월○일 설정계약	전세권자 이 동백 80402-1234567 서울 종로 관수동 전 세 금 금 1억원 범 위 건물전부

03 집합건물의 1등기기록 실행사례

1 1동건물의 표제부

고유번호 1301-1906-637584

【 표 제 부 】		(1동 건물의 표시)		
표시번호	접 수	소재지번, 건물명칭 및 번호	건물내역	등기원인 및 기타사항
1	년 월 일	서울시○구○동 ○번지 신동아APT	**5층 아파트** 1층 637m^2 2층 637m^2 3층 637m^2 4층 637m^2 5층 637m^2	도면번호 제20호
(토지의 표시)				
표시번호	소재 지번		지목	면적	등기원인 및 기타사항
1	1. 서울시 ○구 ○동 ○번지		대	900m^2	○년○월○일

2 전유부분의 표제부

【 표 제 부 】		(전유부분의 건물의 표시)		
표시번호	접 수	건물번호	건물내역	등기원인 및 기타사항
1	년 월 일	제1층 제101호	철근콘크리트조 96m^2	도면번호 제20호
(대지권의 표시)				
표시번호	대지권의 종류		대지권의 비율	등기원인 및 기타사항
1	1. 소유권대지권		1,750분의 47	○년○월○일 대지권
2				별도등기 있음 **토지**(근저당권설정등기)

【 갑 구 】		(소유권에 관한 사항)		
순위번호	등기목적	접 수	등기원인	권리자 및 기타사항
2	**소유권이전**	년 월 일	매매	**소유자 박철수** 서울시 ○구 ○동 ○번지

【 을 구 】		(소유권 외의 권리에 관한 사항)		
순위번호	등기목적	접 수	등기원인	권리자 및 기타사항
1	**저당권설정**	년 월 일	설정계약	**저당권자 (주)우리은행** 채권액 금 1억원 채무자 박철수

04 대지권이라는 뜻이 등기된 토지의 등기기록 실행사례

1 소유권대지권이 설정된 서초동 100번지 토지의 등기기록

【 갑 구 】		(소유권에 관한 사항)			
순위번호	등기목적	접 수	등기원인	권리자 및 기타사항	
2	소유권이전	년 월 일	매매	소유자 박철수 서울시 ○구 ○동 ○번지	
3	소유권대지권			서울시○구○동○번지 신동아APT	

2 지상권대지권이 설정된 서초동 100번지 토지의 등기기록

【 을 구 】		(소유권 외의 권리에 관한 사항)			
순위번호	등기목적	접 수	등기원인	권리자 및 기타사항	
1	지상권설정	년 월 일	설정계약	지상권자 (주)○○건설 서울시 ○구 ○동 ○번지	
2	지상권대지권	년 월 일		서울시○구○동○번지 신동아APT	

보충학습 | 등기의 순위

주등기	같은 부동산에 관하여 등기한 권리의 순위는 법률에 다른 규정이 없으면 **등기한 순서**에 따른다.
	등기의 순서는 등기기록 중 같은 구(區)에서 한 등기 상호간에는 **순위번호**에 따르고, 다른 구에서 한 등기 상호간에는 **접수번호**에 따른다.
	대지권에 대한 등기로서 효력이 있는 등기와 대지권의 목적인 토지의 등기기록 중 해당 구에 한 등기의 순서는 **접수번호**에 따른다.
부기등기	부기등기의 순위는 **주등기의 순위**에 따른다. 다만, 같은 주등기에 관한 부기등기 상호간의 순위는 그 등기 순서에 따른다.
본등기	본등기(本登記)의 순위는 **가등기의 순위**에 따른다.
말소 회복등기	말소회복등기는 종전의 등기와 **동일한 순위**와 효력을 보유한다.

☑ 대지권에 관한 등기 총정리

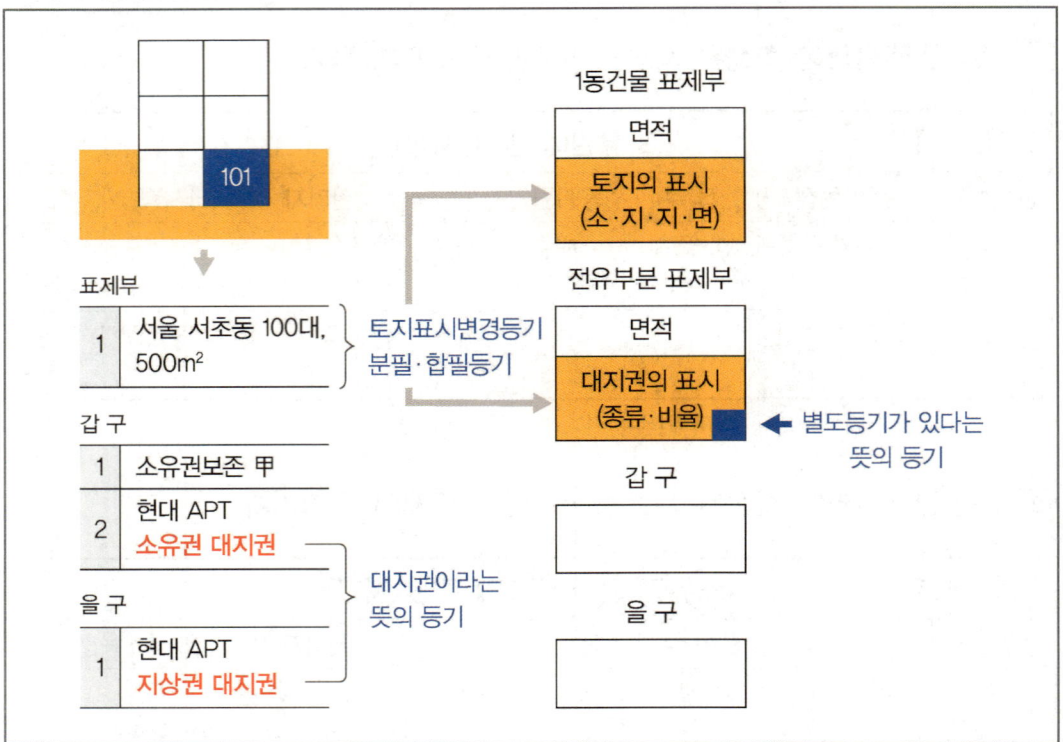

등기의 종류	대 상	내 용			실행사유
대지권의 등기	건물 등기	• 1동건물의 표제부(소재 · 지번 · 지목 · 면적) • 전유부분의 표제부(대지권의 종류 · 비율)			신청
대지권이라는 뜻의 등기	토지 등기	해당구	갑구	소유권이 대지권이라는 뜻	직권
			을구	지상권, 전세권 등이 대지권이라는 뜻	
별도 등기가 있다는 뜻의 등기	건물 등기	• 전유부분의 표제부(별도 등기 있음)			직권
토지표시의 변경등기		• 1동건물의 표제부(소재 · 지번 · 지목 · 면적)			직권
분필 · 합필등기		• 1동건물의 표제부(소재 · 지번 · 지목 · 면적) • 전유부분의 표제부(대지권의 종류 · 비율)			직권

핵심노트+ 대지권에 관한 등기의 실행방법 정리

1. **대지권의 등기**
   1동건물의 표제부에 대지권의 목적인 **토지의 표시**(소재 · 지번 · 지목 · 면적)에 관한 사항을 기록하고 **전유부분의 표제부**에는 **대지권의 표시**(종류 · 비율)에 관한 사항을 기록하여야 한다.

2. **대지권이라는 뜻의 등기**
   등기관은 대지권의 목적인 토지의 등기기록 중 **해당구**에 **대지권이라는 뜻의 등기**를 **직권**으로 기록하여야 한다.

3. **토지에 관하여 별도 등기가 있다는 뜻의 등기**
   토지등기기록에 소유권보존등기 또는 소유권이전등기 외의 등기(별도등기)가 있을 때에는 등기관은 그 건물의 등기기록 중 **전유부분 표제부**에 **별도등기가 있다는 뜻의 등기**를 **직권**으로 기록하여야 한다.

4. **토지의 표시에 관한 변경등기**
   등기관이 구분건물의 대지권의 목적인 **토지 표시**에 **변경등기**를 마쳤을 때에는 **1동 건물의 표제부**에 **변경등기**를 **직권**으로 하여야 한다.

5. **분필 · 합필등기**
   등기관이 구분건물의 대지권의 목적인 토지의 등기기록에 **분필**, **합필등기**를 마쳤을 때에는 **1동의 건물의 표제부**와 **전유부분의 표제부**에 **변경등기**를 **직권**으로 하여야 한다.

보충학습 대위신청

1동의 건물에 속하는 구분건물 중 일부만에 관하여 소유권보존등기를 신청하는 경우에는 나머지 구분건물의 **표시에 관한 등기**를 동시에 대위하여 신청할 수 있다.

보충학습 처분의 일체성

구 분	금지되는 등기	허용되는 등기
토지 등기기록	토지만을 목적으로 하는 **소유권이전(가)등기 · 저당권설정등기**	토지만을 목적으로 하는 **용익물권 · 임차권의 설정등기**
건물 등기기록	건물만을 목적으로 하는 **소유권이전(가)등기 · 저당권설정등기**	건물만을 목적으로 하는 **용익물권 · 임차권의 설정등기**

05 등기사항증명서의 종류·열람 및 발급

등기사항증명서는 '**등기사항전부증명서**'와 '**등기사항일부증명서**'의 형태로 나뉜다. 다만, **폐쇄한 등기기록**에 대하여는 '**등기사항전부증명서**'로 한정한다.

등기기록의 종류	등기사항증명서의 종류
등기기록	• 등기사항전부증명서(말소사항 포함) • 등기사항전부증명서(현재 유효사항) • 등기사항일부증명서(특정인 지분) • 등기사항일부증명서(현재 소유현황) • 등기사항일부증명서(지분취득 이력)
폐쇄등기기록	등기사항전부증명서(말소사항 포함)

열람신청인	① 누구든지 수수료를 내고 대법원규칙으로 정하는 바에 따라 등기기록에 기록되어 있는 사항의 전부 또는 일부의 열람을 청구할 수 있다. ② 등기기록의 부속서류는 **이해관계 있는 부분**만 열람을 청구할 수 있다. ③ **신청서** 또는 **부속서류**의 **열람**은 **인터넷을 이용**하여 처리할 수 있다. 　㉠ 해당 등기신청의 **당사자** 　㉡ 등기신청의 당사자로부터 열람을 위임받은 **변호사**나 **법무사**

06 장부의 보존·관리·손상 및 복구

영구보존장부	10년 보존장부	5년 보존장부
• (폐쇄)등기기록 • 신탁원부 • 매매목록 • 공동담보(전세)목록	• 결정원본 **편철장** • 이의신청서류 **편철장** • 사용자등록신청서류 등 **편철장**	• **신청서** 기타 부속서류편철장 • **신청서** 기타 부속서류송부부

구 분	전쟁·천재지변 등을 피하기 위한 경우	법원의 명령 또는 촉탁이 있는 경우	압수수색영장에 의한 압수가능 여부
등기부 및 부속서류	가능	불가능	불가능
신청서 및 부속서류	가능	가능	가능

제37회 공인중개사 시험대비 **전면개정**

2026 박문각 공인중개사
박윤모 필수서 2차 부동산공시법령

초판인쇄 | 2025. 12. 5. **초판발행** | 2025. 12. 10. **편저** | 박윤모 편저
발행인 | 박 용 **발행처** | (주)박문각출판 **등록** | 2015년 4월 29일 제2019-000137호
주소 | 06654 서울시 서초구 효령로 283 서경빌딩 4층 **팩스** | (02)584-2927
전화 | 교재 주문 (02)6466-7202, 동영상문의 (02)6466-7201

판권본사소유

이 책의 무단 전재 또는 복제 행위는 저작권법 제136조에 의거, 5년 이하의 징역 또는 5,000만원 이하의 벌금에 처하거나 이를 병과할 수 있습니다.

정가 22,000원
ISBN 979-11-7519-503-5